发现成都之美

《天府文化》杂志社 编著

成都时代出版社
CHENGDU TIMES PRESS

目录 CONTENTS

- **成华** 时空的飞地 **P001**
  文/侯雯雯

- **崇州** 从西蜀盛景到现代生活风格 **P011**
  文/黄修眉

- **大邑** 住在雪山下 **P024**
  文/王越

- **东部新区** 拒绝"千城一面", 东部新区"我有我精彩" **P037**
  文/王越

- **都江堰** 山水之间的生活创想家 **P051**
  文/黄修眉

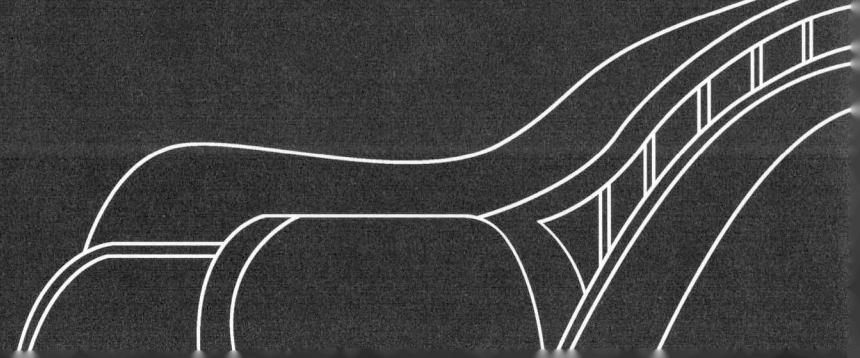

- 高新　科创空间孵化未来　**P064**
　　　文／王　越

- 简阳　交通，让城市无界　**P076**
　　　文／王　越

- 金牛　消费，定义城市　**P089**
　　　文／侯雯雯

- 金堂　中国哲学小镇；　**P103**
　　　用哲学与世界对话
　　　文／侯雯雯

- 锦江　家在公园里　**P114**
　　　文／王　越

- 龙泉　东安，成都新面孔　**P127**
　　　文／侯雯雯

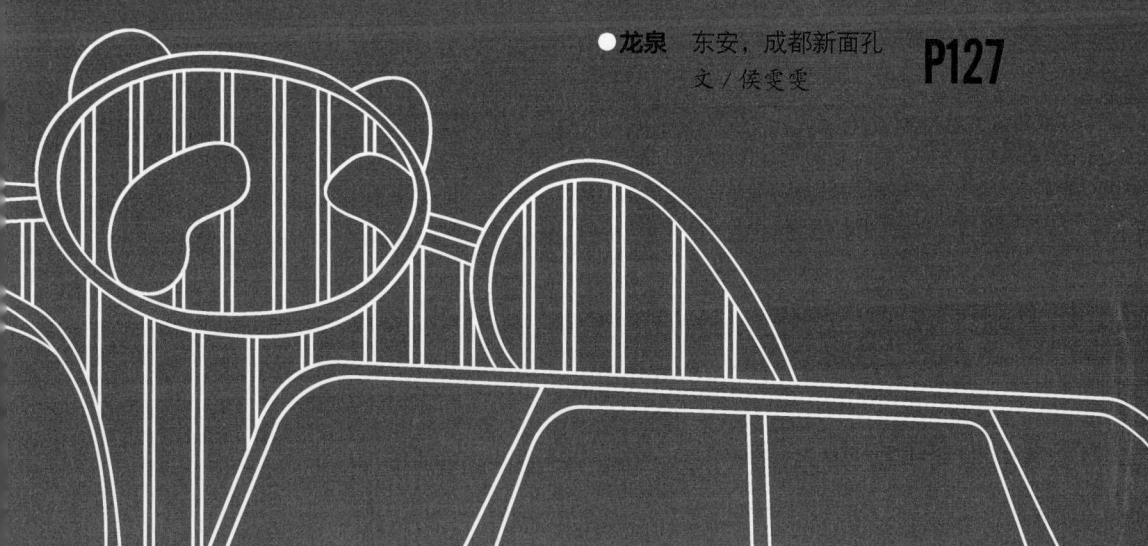

- **彭州** 一个河谷的再造实践 **P143**
  文/侯雯雯

- **郫都** "格物"知成都 **P157**
  文/王 越

- **蒲江** 绿水青山变金山银山 **P170**
  文/王 越

- **青白江** 天府古镇,"他者"的故乡 **P181**
  文/王 越

- **青羊** 穿行的趣味 **P195**
  文/杨 颖

- 邛崃　一条文脉巷让一座古城被看见　**P203**
　　　文/侯雯雯

- 双流　有一种跃动，叫双流　**P216**
　　　文/王　越

- 天府新区　新"物种"：天府文创城　**P229**
　　　　　文/王　越

- 温江　传承鱼凫精神，做现代生活家　**P242**
　　　文/侯雯雯

- 武侯　创意的脑洞，现代的三国　**P250**
　　　文/黄修眉

- 新都　三"生"合一　**P263**
　　　文/王　越　李翠华

- 新津　公园城市的"超级绿叶"　**P274**
　　　文/侯雯雯

时空的飞地

● 文/侯雯雯

● 成 华

> 以东郊记忆、中车·共享城、红仓·完美文创公园等为代表的城市工业遗存,通过建构、营销、运营、传播场景,打造集各种消费符号和文化价值观念为一体的混合场域,完成了从厂区到景区再到场景赋能的二次转身。

19世纪,工业化向全世界扩展,开创了一个城市化以史无前例速度推进的新时代,而早在美国社会学家丹尼尔·贝尔于20世纪70年代宣告后工业时代来临之前,各大城市就已经纷纷把工厂从中心地带转移到周围的辖区。工厂撤出之后,工业遗存怎么办?答案当然不可能是简单的"夷为平地,推倒重来"。工业遗存是工业文化的重要载体,记录了工业发展不同阶段的重要信息,见证了一个国家工业发展的历史进程,更凝聚着城市的集体记忆,具有重要的历史价值、科技价值、社会文化价值和艺术价值。

20世纪60年代,记者出身的美国著名城市规划师、作家简·雅各布斯认识到,城市的更新和改造比凭空设计更具挑战性,她把城市比作一个巨大的实验室,感叹"设计一个梦幻的城市不难,改造一个充满生机的城市则要有想象力",因为城市更新不等于推倒重来、大拆大建,而需要基于历史土壤,在保留集体记忆的基础上,完成有限空间、有限资源和无限想象力、无限可能性的平衡与嫁接。

工业遗存的保护利用一直是城市更新的重大议题。1973年,第一届国际工业纪念物保护会议在英国铁桥峡谷召开——这座小小的铁桥是18世纪英国工业革命的象征,后来在1986年作为世界上第一例工业遗产被收入世界文化遗产名录。我国对工业遗产独特价值的

发现成都之美
Discover the Beauty of Chengdu

◎ 东郊记忆中央大道

认识在近十年凸显出来。2017年12月，工信部公布了第一批国家工业遗产名单，2018年11月，第二批名单正式发布，成都国营红光电子管厂便位列其中。

成都国营红光电子管厂旧址由成都市委、市政府交给成都传媒集团打造，于2011年9月29日开园运营，命名为"成都东区音乐公园"，2012年更名为"东郊记忆"。数据显示，东郊记忆每年入园游客达500万人次，至2020年6月累计接待入园游客超过3000万人次，成为让全球认识成都、让天府文化通向世界的"新窗口"。东郊记忆所在的成都市成华区拥有全市最丰厚的工业文明底蕴，有价值的工业遗迹14处，占全市50%，除了肩负着对工业遗址进行保护的重任，更肩负着通过更新完成城市功能升级转型的使命。

如果说欧洲常见的工业遗址，以公园式的静态保护仅仅是工业遗存改造的一次"转身"，那么，时间进入21世纪之后，随着世界各大城市的城市经济政策偏重于文化产业，如何通过场景赋能、实现"文创+产业落地"就成了工业遗存改造"二次转身"的新议题。

对此，多次参与工业遗存改造的杰出建筑师薄宏涛在总结自己的实战经验时曾说："城市更新必须放在一个较长的时间线上考量，空间的一次更新是容易的，而更新重构后，产业落地成为一个充满活力与动能的'新'区域，要融入城市肌理、自主代谢生长，才说明更新取得了成功。"

体验赋予场景灵魂

"城市是一个巨大的实验室，检验城市建设和城市设计中的错误、失败和成功……城市不是一个艺术创作。当我们面对城市时，我们面对的是最为复杂的、最为紧张的现实生活。"如简·雅各布斯所说，城市更新跟城市的历史和现实生活息息相关。

作为成都老工业基地，成华区拥有生产出中国第一支黑白显像管和第一支投影显像管的国营红光电子管厂、全国第一个内燃机车专修厂机车车辆厂，还有成发集团、中电锦江电机厂、禾创药业仓库、101仓库、103仓库、华西混凝土供应站等众多大型国有企业。历史可追溯到20世纪五六十年代"三线建设"时期，老成都人口中的"东郊"成为工业集中开发的热土。国营大厂的进驻，不仅带来了机床、传送带、锅炉、烟囱、厂房、车间、仓库，更带来了五湖四海的人才，以及为他们生活便利而配套的幼儿园、子弟校、灯光球场、电气大楼、菜市场……60多万平方米的密集工业和生活区曾构成20世纪下半叶的东郊辉煌。

当铁轨锈迹斑斑，当传送带寂寂无声，当烟囱不再冒出浓烟时，时代的车轮滚滚向前，成都踏入了后工业时代，其标志不再是烟囱林立，而是高新技术与智能制造。近年来，成

华区先后完成 115 家国有大中型企业生产区搬迁改造和近 8 万群众生活区搬迁改造，基本完成绕城以内传统低端仓储、物流、批发市场的调迁。在成都建设国家中心城市、大力发展文创产业的热潮下，成华区抓住"文旅成华"的定位，不断调整并重塑产业格局，实现了产业格局的重新塑造。

置身今日"东郊"，你也许会马上联想到 20 世纪 50 年代的纽约 SOHO 区——昔日大型铸铁工厂遗址华丽转身，变为安迪·沃霍尔们的天堂，为赫赫有名的艺术家们提供了不竭的灵感来源，成为观光客非去打卡不可的景区。但是，观光客到了纽约 SOHO 区依然是观光客，拍上一张"到此一游"的照片，从时光留痕中感叹一下传奇不再，这远远不是今日的城市更新所要达成的效果。

今日的城市更新，不仅要最大限度地保留时光留痕，触及大众的集体记忆和情感，更要让各具特色的公共活动空间成为新与旧碰撞出的创意无限的"时空飞地"，并且在此营造出别具时空感的特色场景——

在这里，老成都机车车辆厂建厂时种下的 500 棵大树，在直播博主们的镜头中与网红草坪、潮人汇聚的滑板公园相得益彰。

在这里，草丛碎石旁的月台上停驻着的油漆剥落、零件锈蚀的旧火车，车身上画着最潮最酷的涂鸦；而同样锈迹斑斑的翻车台和钻床被改装成了可以亲子互动的游戏装置。

在这里，厂房框架在原样保留的基础上，或揭掉房顶改装成鲜花盛开的植物园，或加装落地玻璃成为现代艺术展示空间。

......

更不用说一条条工业风格的空中观光走廊，不仅可带你俯瞰 1.5 公里的铁轨创意路，遥望 20 多米高的红砖烟囱，还能置身于繁茂的花园中领略绿植和流水……

中国中车集团全资子公司中车科技园发展有限公司接手搬迁后的成都机车车辆厂原址改造开发后，邀请了中国工程院院士崔愷担纲主持"成都中车·共享城"项目的综合研究和改造设计工作。在崔愷看来，高高耸立的厂房高墙和不再轰鸣的机器并不是冰冷的砖石

和钢铁，它们承载着几代人的奉献和理想，其人文精神赋予工业遗产以"活的灵魂"，是一座城市的集体记忆，体现出一个时代的艺术与文化。他说："中国是文化大国，需要认真去发掘历史，把历史记忆当成城市的灵魂，让城市特色慢慢生长出来。"换言之，保留工业遗址之形以留住时代记忆只是第一步，在其形态之上注入新的内容，构筑当代城市美学，才能真正为场景赋能，才能让不同年龄的人走得进去、留得下来，并沉浸其中，而不只是打卡式的"到此一游"。

空间重构场景和城市

从纽约 SOHO 区，到北京 798，再到成都东郊，也许你要问，工业遗址为什么会有如此大的吸引力？答案其实很简单：工厂搬迁之后留下的巨大空间意味着巨大的可能性。走进位于红仓·完美文创公园四号仓库的完美世界西南总部办公室，第一感觉是好像走进了硅谷的办公场景。在这里，几乎没有任何一块区域看起来像是专门为工作准备的，没有明显隔断，没有固定桌椅的开放性空间呈现出一种多元化的状态：它是咖啡厅、健身房、工作室、展示厅的复合式空间。随处可见的小型会议单元被打造成咖啡厅般的舒适空间，最大限度降低了交流成本，多彩丰富的办公家具配置使人精神松弛而愉悦，墙壁上的电影海报墙和游戏海报墙烘托出文艺气息。绒毛玩具"姜小虎"是《完美世界》著名的吉祥物，身穿鼠头鼠脑的年份特色连帽衫，零散地装点在 LOFT 风的铁架子上，像一个个隐藏彩蛋，诱惑着经过的人一把将它拎起来拥入怀中。时尚又有趣的办公环境，满足了当下年轻人的审美需求、社交需求以及协作式办公的工作需求。

带我们参观园区的 Teddy 是一个刚刚毕业的年轻人，看着美剧长大的他从来就没有设想过会去一个传统沉闷的格子间办公室工作。单一功能的空间早就被潮流推远，即使是居家装修，工业 LOFT 风也是年轻人的不二选择——打破壁垒、功能复合的空间在不知不觉间深刻改变了现代人的工作方式和生活方式，越来越模糊了工作、社交、生活、娱乐之间的界限。而被推远的单一功能和陈旧生活方式是：一定要在家里装一台电视机标示客厅，成为专门的社交区域；一定要在格子间办公室正襟危坐才叫工作；只有到美术馆才能看展览；只有去会议室才能开启"头脑风暴"，等等。工业遗址的半开放式巨大空间对于城市生活最大的吸引力即在于此。打破边界的空间给了想象力巨大的发挥空间，重构着我们的工作场景、娱乐场景和消费场景，从而无声无息地改变着我们的生活，甚至不仅仅是诸如 Teddy 这种年轻人的生活，而是覆盖了城市里最广泛的人群。

在有限的空间内尽可能多地尝试各种可能性，这是东郊记忆的蜕变之路。作为工业遗存改造的先行者，2011 年下半年正式对外开放的东郊记忆走过了以音乐产业为主打到以"时尚设计与音乐艺术双柱求发展"为定位的二次转身，围绕"国际""时尚""艺术""绿色"四个文化标签，聚焦文化产业的跨界融合发展，不断丰富产业内容，激活成都市文化经济市场；有意识地紧扣最新"国际时尚产业园"的定位，引进和举办了如"成都国际友城青年音乐周""中国音乐产业发展峰会""成都·蓬皮杜：'全球都市'国际艺术双年展""世界文化名城论坛·天府论坛""香奈儿 2018 早春度假系列发布会""米兰时尚周中国行暨成都艺术展"等非常有时尚范儿、国际范儿的品牌活动。

后来的中车·共享城怀揣着一个更大的抱负——再造一个"工业风太古里"。在由交车车间改装的中车艺展中心,透过巨大落地窗,能看到已经开放的四季花园、机车公园、空中观光走廊、滑板公园、网红草坪,而正在改造的手游和电竞基地、一墙之隔的TOD换乘点、一街之遥的CBD大楼、配套的重点中学新校区……正在紧锣密鼓的修建中。带我们参观的中车成都公司社会事务部物业改造项目经理李东青介绍说,自2019年4月示范区开放以来,这里就已经陆续吸引了宝马、奔驰等国际品牌来举办活动。作为中国中车集团实施"退城入园"工程后的全国首个城市更新项目,成都的中车·共享城模式无疑具有典范意义,以此为范式,中国中车集团将在北京、天津、青岛等地陆续开启对存量工业土地进行"工业遗址保护+城市功能更新"的开发。

空间重构城市,而城市更新必将成为打造公园城市的突破口之一。

"文创+"完美产业链闭环

空间的重构让工业遗址之上形成了新兴艺术街区和文创园区,但真正给它们注入内容和灵魂的,还是产业。

福宝印社董事长向运华介绍,他们当初看中旧仓库遗址的原因,正是空间所允许的巨大可能性——既可以作为专业装裱工匠的大型工作间,又可以稍加改装,配置上展陈灯光,就当成布展空间做展览了。

福宝印社原本没有自己的布展空间,只做服务书画大家们的专业装裱和画册出版两项业务,后来发现如果没有自己的美术馆,每次做展览还要花上十多万元的场租费到美术馆租场地,便索性找了装修公司把成华区崔家店路371号的老旧仓库改装成了自己的美术馆——福宝美术馆旧馆。2016年成立的福宝美术馆很快就在业界变得有口皆碑。福宝印社创始人向氏兄弟在服务四川书画名家20年之后,发展出了一条龙配套产业:从专业装裱、画册出版，到策展、展陈、拍卖、修补、赏鉴、艺术培训，随着自身产业链的完善，福宝美术馆新馆又入驻了距离旧仓库不到十分钟路程的多宝寺一号艺术中心，并引进了五位国家级艺术家作为美术馆常驻专家。福宝美术馆老馆与新馆并存，致力于打造天府书画高地，满足人们多样化的需求。

红仓·完美文创公园的落成也是一个产业链逐渐完善的典型案例。完美世界(成都)文化发展有限公司总经理陈嘉颂介绍，早在2011年，完美世界就在成都布局了一个美术中心，但是自持物业和打造文创产业园区有根本性不同。作为完美世界控股集团打造的第一个文创产业园区，完美文创公园规划了以完美世界控股集团引领的文化娱乐产

业为产业主轴,以音乐、影视、游戏创新文化为产业内容集群,围绕产业人才教育、原创内容创作、IP,及艺人孵化、文娱产品消费为主的产业生态圈,先后引入新片场、Base、FX、豆瓣音乐、龙渊游戏、CH8有独空间、M+、华星兄弟等60余家知名龙头企业入驻。最值得一提的是入驻企业业务高度互补,形成联动融合之势。

陈嘉颂举例说,一部大型音乐剧的演员面试在园区内举行,隔壁公司孵化的艺人资源完全可以输送过去供选,后面音乐剧需要的排练场地、演唱空间、专业录音棚、推广,也都可以在园区内找到相关合作方。园区不仅为入驻企业提供文创产业扶持、创新孵化等各类政策支持,而且随着上下游资源打通,园区内形成了数字音乐节、国际电竞活动、二次元IP节、创意光影展等潮流文化的完整生态,可以称之为"完美的产业链闭环"。

有了各具风格、差异化发展的东郊记忆、中车·共享城、红仓·完美文创公园、多宝寺一号艺术中心等文创园区,如今的东郊已经成为成都又一个城市文化新地标、商业新地标,不仅是传承工业文明、发展天府文化、传播巴蜀文明的根据地和排头兵,更是成都市加快文化产业跨界融合发展的重要载体。

原载《天府文化》2020年第6期

从西蜀盛景到现代生活风格

● 文 / 黄修眉

崇 州

> 唐宋诗歌中对崇州的吟咏不胜枚举，如今的崇州不仅在努力还原一个个唐宋生活场景，更深化公园城市的乡村表达，搭建企业生产场景。千年古城进入智慧之城新时代。

西蜀是指以成都平原为中心的天府之国。它不仅仅是一个地域概念，更是一个几千年来沉淀在中国人心中的文化符号，一种人居理想，一方圣地。西蜀文化的源头在哪里？从宝墩文化的渊源到扇形三角洲的地理因素，再到杜宇王教民务农，多种因素的因缘际会，使崇州成为天府之国农耕文化的源头。

崇州并非自古就名为蜀州。公元686年，唐武后垂拱二年，析益州武后广袤之地置蜀州、彭州、汉州。从此，蜀州作为一级行政区域诞生在西蜀的版图上。

四川，古称蜀，在广大西蜀的版图上又出现了一个蜀州，崇州因此被人们称为"蜀中之蜀"。从武后垂拱二年到宋高宗绍兴十四年（686—1144）的458年间，除仅有16年改称"唐安郡"外，这个区域始终以"蜀州"为名，其治所一直在今崇州城区。

具有4300年农耕文明史、2300年建城史的崇州，文脉不断，文态迭新。崇州城区的东大门，矗立着一座崇州牌楼，向过往的人们昭示，崇州是一座广迎天下知己的城市；在迎接八方来客的唐安东路，复原唐朝风韵，讲述唐时蜀州典故；以崇州市博物馆为核心，向现代人呈现宋代生活美学，助力崇州建设成为具有历史文化内涵和良好生态环境的历史文化名城和旅游名城。

作为成都建设公园城市的生态屏障与成都"西控"的核心区域，崇州将"生态优先、

绿色发展"作为产业发展的主旋律,加快构建产业体系,以山水为卷、阡陌当笔,推动农商文旅体融合发展,深化公园城市的乡村表达。

崇州也是成都智能制造、应用产业集聚的新高地,这里有智能家居、电子信息大数据和人工智能,各种新兴的业态类型和蓬勃的产业集群。

崇州正高标准打造绿色经济样板区、大美乡村田园样板区、乡村经济新形态样板区、优质高端要素集聚样板区、干事创业活力样板区这"五个样板区",推动山水崇州"破茧成蝶",加快建设生态宜居的现代田园城市。

回归唐宋生活范式

唐宋时期即有"扬一益二"之说,彼时与益州相近的蜀州(今崇州),也是繁盛之地。唐宋诗歌中对蜀州的吟咏不胜枚举,王勃、高适、杜甫、陆游等诗人在这里留下传世佳作。而唐安公主、德政四相等人的故事也让今人得以管窥千年前的生活风范。

当时空交织再现,今天的崇州正通过追溯历史上这段高光时刻,还原一个个唐宋生活场景,让今人得以复见唐宋蜀州的盛景。

在崇州唐安东路唐人街入口处,矗立着一座古色古香的牌楼,东西两面刻有唐宋诗人吟咏蜀州的诗句。东面刻的是王勃的"海内存知己,天涯若比邻",西面则是陆游的"江湖四十余年梦,岂信人间有蜀州"。

穿过牌楼,在唐风建筑和历史故事中,人们梦回唐朝。蜀州历史上唐朝时期最为重要的十一景,在现代人的营造之下,聚集在这条名为"中国·成都·唐人街"(以下简称"唐人街")的仿古街道上,处处营造出盛唐时期的蜀州景象。唐宋时期,中华文明达到了巅峰,建筑、园林、文学等精品层出不穷。崇州古地,也成就了不少经典诗篇。清代文人晏补之《蜀州八景》写道:"惟爱西湖夜月圆,前村牧笛响悠然。市桥官柳依依绿,东阁红梅朵朵鲜。天目晓钟声八百,西江晚渡客三千。岷山晴雪无今古,白塔斜阳照九川。"这"蜀州八景"把崇州山美水美城美的特点囊括其中。

由崇州市政府主导、圣沅地产出资打造的唐人街,复原了曾位于蜀州东门的两处景色,另外六处景色则分别位于今崇州的其他方位。同时也将与蜀州有关的历史典故、诗篇故事,以古建筑的形式复原,形成新十一景:牌楼、东湖、东阁、尚友阁、唐安池馆、唐兴客馆、公主馆、贵妃馆、蜀州人物画廊、蜀州诗歌诗廊、蜀州四相堂。

年逾80岁的张伯龄多年主修地方志,曾任《崇庆县志》主编、《成都市志》编委。他于十多年前就产生了复原唐时蜀州诗篇景致与历史典故景致的想法。2008年,他与同为崇州人的圣沅地产董事长李元庆一拍即合。从构思到邀请古建筑专家主持设计,这个占地500余亩,长约2公里的"唐风建筑画卷"耗时约十年才得以完成,最终成为一个集商务办公、休闲购物、美食娱乐、文化展示、旅游服务、居住配套为一体的多功能社区。讲到这条以"中国风、世界观"为主题的唐人街,李元庆回忆道:"'唐'代表的不仅仅是硬实力,更是仁义礼智信的价值召唤。而唐朝的崇州,也就是崇州称蜀州时期,发生了许多动人的故事,也给后世流传下了许多脍炙人口的诗篇,我希望能为崇州的文化传承贡献一份自己的力量。"据介绍,唐人街之所以用"中国风、世界观"为主题,是因为希望这里既有历史文化与现代文明的交相辉映,还要有中国与世界的交流互通、乡土记忆与现代风情的和谐融合。

唐人街上的建筑,多出自著名建筑学家梁思成先生的弟子、中国工程院院士张锦秋教授的设计团队之手。在新十一景中,有一座最能体现唐人街复原蜀州盛景用心的建筑——尚友阁。这座纪念高适与杜甫友谊的建筑,还原唐时的斗拱、飞檐、卯榫等中国传统建筑元素,整座建筑均可拼合、拆卸、再拼合,为唐人街中唯一一座全木结构建筑。

但唐人街并不只是让人游览怀古,这条唐朝遗风的街道,与周围的现代居住小区、国际潮流购物中心融为一体,唐代与现代的生活范式随意切换。如今的唐人街,不仅在建筑形态上传承了中国元素,更由于独特的商业模式和经营理念而长盛不衰。唐人街鉴于崇州自唐以来素有西蜀文化的基因传承,建成一批以崇州历史题材为主的新载体,使之集高档人居、商务办公、休闲购物、美食娱乐、文化展示、旅游服务于一体,让更多人领略唐朝的风采。

· 宋代生活美学

长期以来，罨画池、陆游祠和崇州文庙紧密连接，共同构成崇州的城市公园。碧波涟漪千年的罨画池位于城区中心，占地 75 余亩，是全国仅存的唐宋官署园林；陆游祠是全国唯一的纪念陆游专祠；崇州文庙则是成都地区仅存的完整古代文庙。2001 年，这三处建筑群被批准为第五批全国重点文物保护单位，并由规划部门划定了文物保护核心区和建控区。2013 年，经四川省文物保护管理局批准，设立为崇州市博物馆。

跨过气势雄伟的棂星门，步入曲径通幽的罨画池，云墙环护，花木掩映。细细欣赏园内景致，多少能明白为何此处能让南宋诗人陆游魂牵梦绕。最经典的 1987 版《红楼梦》也有不少镜头在此取景拍摄。

罨画池被称为陆游的"后院"。陆游两度在蜀州为官，写下 100 多首吟咏蜀州风物、景观、气候、习俗、草木生态的诗篇。

崇州市博物馆馆长刘旭东是土生土长的崇州人，他精研地方文献，对新旧唐书里举凡提及"蜀州"之处，以及崇州历史上的乡贤名宦了如指掌，说起高适、杜甫、陆游等历史名人关于蜀州的诗文倒背如流，滔滔不绝。

2019 年 12 月至 2020 年 4 月，罨画池进行了为期近半年的闭馆升级改造。

"'罨画'一词，按照明代四川唯一的状元、新都人杨升庵在他的《丹铅总录》中的解释，为画家杂彩色画也。本意日出江花、春来江水的浓淡相宜、色彩鲜明。此次罨画池提升改造，重点针对景区整体的景观体系梳理和精品景致打造，营造更为良好的文化旅游氛围，让'罨画'的韵味更浓了。"刘旭东说。罨画池的提升改造，通过对原有园林景观树种的移栽、补种和绿化铺设，以水域景观为亮点，景区内对道路进行了全面的整修，既有"曲径通幽"的小径蜿蜒，也有"疏影横斜"的花木组合。新增植一批古态梅花、垂丝海棠，与古代以海棠盛开、红梅绽放闻名的蜀州景致相迎合。在盆景园内，通过增设自然石材，将川派盆景的可观、可赏特点进行凸显，营造层次更为分明的景观体系，并适当进行了造坡、叠石，

> 罨画池亭台楼阁很精致

让游客获得更多的古典美学体验。博物馆还在陆游祠大门至亚门处建造了一面陆游诗碑墙，邀请国内著名书法大家题写了35首陆游描写罨画池的诗篇。

"陆游热爱生活，写有大量茶诗，他许多诗歌都在描写美食、美酒和各种旅游见闻，堪称宋代生活的代言人。"在刘旭东的规划下，博物馆进一步还原陆游的生活场景。现代人将跟随陆游，体验宋制汉服、妆造、餐食、饮酒、点茶、香道、刺绣及书画、汉诗、国乐等宋代雅集活动。

夜晚的罨画池是什么样子？明月高悬，美妙光影，声动悠扬，与白日的园林意趣迥然不同，在营造宋代美学生活体验空间的基础上，罨画池将率先在全省诗歌园林景区推出夜游项目，营造出具有独特风味的东方美学，让游客秉"烛"夜游。

博物馆还额外购置了完整的文庙礼乐器和服装，在本地中学组建了由52名乐器演奏、36名佾舞表演和6名颂唱人员组成的礼乐团，按照宋明礼制恢复雅乐。市民游客将在博物馆体验到原汁原味的宋明祭孔大典、冠礼、笄礼、乡饮酒礼、开笔礼等活动。当前，崇州市正以罨画池为核心，将文庙街、小东街、南米市街、正东街等街区纳入崇州历史文化名城保护区核心街区进行高质量的修缮和升级改造，充分挖掘古建文化、民俗文化、创意文化等元素，助力崇州建设成为独具历史文化内涵和良好生态环境的历史文化名城和旅游名城。

归园田居

　　自崇州实施乡村振兴战略以来，成都人口中叫得出名字的网红乡村打卡点，崇州就占了好几个。从道明竹艺村到天府国际慢城，从大雨村"鲜道·幸福里"的网红水上火锅，到川派盆景民俗文化村"严家弯湾"，崇州走出了一条场景改变乡村、艺术点亮乡村、创意赋能乡村的发展之路。

　　对每到周末便去周边乡村度假的成都人来说，崇州所营造的"乐活"川西林盘新场景，勾起了深藏于人们心底的乡愁情结，在每个过着快节奏生活的都市人心中，这一个个乡村就是"归田园居"。然而，营造出新场景的乡村如何才能真正留住都市人，成为他们忙碌之时总能想起的"世外桃源"，那就需要将乡村的田园乡愁与都市的现代便利结合起来，在乡村里营造多元消费场景，激发乡村内生活力。

· 叠彩多元场景

　　如果说道明竹艺村是崇州乡村振兴的"元老"，那么开业不过几个月，就成为成都人口口相传网红打卡点的"鲜道·幸福里"，则是成功用场景改变乡村的"萌新"。它新就新在用更加多元的特色消费场景，营造出可以忘掉一切烦恼的轻松氛围。

　　沿重庆路往北而行，在山的对面，一片竹影婆娑间，隐隐约约就能看见几处风格迥异的院落，这就是崇州市白头镇大雨村"幸福里"的第一期项目"鲜道·幸福里"。鲜道·幸福里位于无根山下的林盘旁。一湾湖水的岸边，一个个白色帐篷式的滨湖火锅包间里，人们正觥筹交错。

　　鲜道·幸福里不仅有米酒馆、竹林中餐等主题体验，还有丰富的户外活动：游客可以在私家菜园里种植蔬菜，体验当农夫的辛苦与快乐；可以与孩子在宽阔的草坪上来一场碰碰球对战；可以在树荫下发一发呆，让疲惫的身心放松下来。这里既留住了乡愁，又能体验湖上之乐、草坝之欢、菜地耕作的野趣，给游客一种乐活的生活感觉。

自 2020 年 5 月 20 日正式开放以来，鲜道·幸福里名声大噪。"现在到我们这里吃火锅，游客要提前 4 天预约才行。"鲜道·幸福里运营负责人之一的高发敏介绍道。鲜道·幸福里所在的大雨村曾经是崇州的相对贫困村，后来村里决心推动传统林盘向产业社区转型。一系列扶持政策和资金接踵而至，村子充分发挥资源优势，探索出了农商文旅体融合发展的新路。高发敏是大雨村人，离开家在成都中心城区发展餐饮产业已经 20 多年，事业颇为成功。得知家乡正振兴产业发展，他立刻答应回到家乡帮忙发展产业。

作为农商文旅体融合发展项目，鲜道·幸福里以打造乡村旅游消费新空间为主要路径，将林盘作为企业化经营理念的承载平台，探索

⊙竹艺村竹编工作室

集体经济发展壮大、集体建设用地入市等改革方式,成为乡村振兴、城乡融合道路上群众的"幸福里"。

· 乡村宽窄

从重庆路向北驱车不久,便来到位于观胜镇联义村5组的川派盆景民俗文化村"严家弯湾"。因为这里宽窄不同的石板路和小巷,厚重典雅的盆景文化以及独特的园林式乡村风格,被游客们亲切地称为"乡村宽窄"。今天的严家弯湾已经成为闻名崇州乃至成都的川派盆景村落,但在4年前,这里却是一个"烂泥村"。经过4年的整体打造,曾经的烂泥村俨然成为体悟与学习川派盆景文化的一方净土。"村子里的村民以前都制作传统川派盆景,但现在我们不拘泥于这些了。苏派、海派、岭南派你都能看到。"走进村子,第一站便是崇州市盆景协会秘书长赵明春开设的微盆景体验工坊。体验工坊里不仅能看到一个个如手掌大的盆景，还能花百十来元亲自体验一次微盆景制作。

严家弯湾是如何细致入微地挖掘盆景文化，将这座人人爱盆景、户户做盆景的乡村打造为成都版的"向往的生活"的？村口不远处，投资近亿元的盆景博览园项目正在建设中。未来，盆景博览园将展出收藏品级的大型盆景，其展示作品也不会局限于某一国别或派别，而是兼容并收，通过展示国际顶尖的盆景作品，吸引人们关注盆景文化。

除了营造盆景艺术场景外，严家弯湾的盆景艺术家们，也是传播盆景文化的主力。严家弯湾川派盆景匠人代表韩栋是陕西人，大学毕业后就成了严家弯湾的女婿，从此便跟着岳父学习川派盆景。但韩栋并不想走老川派的路线，开始自己尝试新川派盆景，同时也积极谋求在网络上打开销售渠道。因为新川派盆景体量小价格低，韩栋制作的盆景销量特别好，短短 4 个月的时间就销售 30 万元。

严家弯湾吸引的可不止中国人，常有来自日本、加拿大、澳大利亚的盆景艺术爱好者千里迢迢来到这里，与村里的艺术家交流。师从日本盆景艺术大师的加拿大温哥华人辛克莱尔·查德还把自己的工作室从成都市区搬到了严家弯湾，给自己的盆景园取名"白熊盆景园"，成了这里的新村民。

从传统的川西林盘，到现在景色优美、村容整洁、情趣盎然的盆景艺术村，近年来，严家弯湾紧抓川派盆景资源优势，定位"川派盆景民俗文化第一村"，在大力发展林木经济，提档升级盆景的同时，培育壮大旅游产业经营实体，探索将市场搬到家门口的新经济发展模式。

原载《天府文化》2020 年第 10 期

住在雪山下

● 文 / 王越

● 大 邑

> 看不见风景的房间,难以承载梦想和希望。
> 作为西岭雪山脚下的公园城市示范区,大邑是成都境内最佳观山地点之一,推开窗户,便是雪山胜景。这里,让人心动的不仅有雪山,还有如田园诗一般的生活,以及直指世界城市的无限潜力。

　　看不见风景的房间,难以承载梦想和希望。在纽约曼哈顿,人们往往为中央公园周围看得见风景的房间而一掷千金,就为了可以从自家窗户里看到城市中心地带的绝佳风景。窗外,这个观察角度,扩展到人类的范畴便是城市。人们为了美好生活来到城市,城市里不能只有钢筋水泥,也要能让人体验大自然的美好。城市需要自然,自然与城市共生。一部城市发展史,就是一部人与自然关系的演进史,就是一部人们追求美好生活的奋斗史。历史上城市文明的兴衰更替,无不蕴含着人与自然关系的演进规律,启迪人们对城市发展规律的不懈探索。

　　历史上,随着工业发展,人口集聚与环境污染等城市问题日益严重,为了解决这些问题,不少城市规划家开始倡导功能分离、空间分区的生活方式,他们开始强调自然景观的作用,如柯布西耶。纽约现代艺术博物馆(MOMA)顶层特展画廊,曾展出他绘制于1922年的手稿:画卷中央的网格城市里,24栋60层高的摩天楼升起于开阔的公共绿地之上,其十字形锯齿平面提供了良好的日照与通风,能容纳40万都市居民生活其中。不过,柯布西耶的绿地景观,强调的是视觉效果,而不是贴近人的生活的实际使用。正如他设计的萨伏耶别墅，虽然窗外有着大片草坪，但十分干旱和单调，因为其主要是为了停车——服务于汽车，而不是人。如此"机械化"的自然景观，依然是服务于实用功能的水泥雕塑，不能满足人们亲近自然、追求身心健康的生活方式的需要。

然而，一千多年前，在成都，杜甫吟诵的"窗含西岭千秋雪"，让我们看到了城市融入大自然的另一种可能。历史上，成都平原外揽山水之幽、内得人文之胜，成就了"天府之国"美誉。如今，成都正运用公园城市理念设计创新城市价值，推动山水格局与空间脉络、传统文化与现代文明、休闲习性与审美感知的有机融合，塑造"窗含西岭千秋雪"的大美意境。

赋予成都更多、更鲜明的城市特质的，便是这无与伦比的天际

供图 大邑县委宣传部

线。这是全球唯一能够遥望海拔5000米以上雪山的千万级人口城市，而雪山，正逐渐成为这座城市的崭新名片，成为最美的城市风景。

借由观雪山，人们也将更深刻地观察和感受成都这座城市。雪山不仅具备自然景致的美学意义，给人感官上的愉悦，更会通过人们的认同和赞许，给人以归属感，铺设出美好生活的怡人场景。

作为一个现代化的大都市，如今在成都，人们依然能"看得见山，望得见水，记得住乡愁"。这种最自然不过的情感，抒发的便是存于每个人心底的生活理想。

从更高的维度来看，成都建设公园城市，是成都成为生态文明时代城市发展典范的历史契机，是成都进入世界城市体系前列的鲜明标识。这也是成都回应人民日益增长的美好生活需要，顺应"更好的城市、更好的生活"时代潮流，做出的城市转型新实践。

作为西岭雪山脚下的公园城市示范区，大邑是成都境内最佳观山地点之一，推开窗户，便是雪山胜景。这里，让人心动的不仅有雪山，还有如田园诗一般的生活，以及直指世界城市的无限潜力。

现在，大邑正积极探索"雪山下的公园城市·大邑"高质量发展路径，全力推进"三区一地"建设，加快推动大邑绿色发展、转型发展、高质量发展，为成都建设践行新发展理念的公园城市示范区贡献更多大邑力量。

雪山下的放飞

在成都，雨后的清晨，倘若拉开窗帘，杜甫所描绘的"窗含西岭千秋雪"便映入眼帘：高楼林立之间，远处的雪山在云海中迎接着晨光。一千多年前，"安史之乱"爆发后，杜甫辗转来到成都，在浣花溪畔结庐而居。一日，他推开窗子遥望西边雪山，一时文思泉涌，写下了"窗含西岭千秋雪，门泊东吴万里船"的千古绝句。因为杜甫的诗句，那座距离成都最近的无名雪峰便成了西岭雪山。

如今，置身繁华的大都市，依然能随时与雪山推窗相遇，真是一件极其浪漫的事。能拍下"在成都遥望雪山"的打卡照，也逐渐成了成都人生活中的"小确幸"。而对于西岭雪山下的大邑而言，雪山无须遥望，因为雪山就在眼前。在这里，雪山是窗外日常的风景。雪山下，也演化出一种理想的生活方式。

冬天去西岭雪山滑雪，在雪山下的花水湾泡温泉，是成都人相当常见的周末娱乐项目。不过，西岭雪山的魅力并不局限于此，夏季去西岭雪山，也是个好主意——在没雪的雪山下，享受的是另一种悠闲。乘缆车上山，再坐上十多分钟摆渡车，便来到了映雪湖。映雪湖旁一大片绿油油的草地，欧式建筑沿湖而建，让人有种来到瑞士小镇的既视感。

雪山下的瑞士小镇格林德瓦，是欧洲久负盛名的度假和疗养胜地。格林德瓦有着大片的森林和草坪，木屋别墅点缀其间，四周是雄伟的阿尔卑斯山景观。在夏天，格林德瓦是徒步旅行者、自行车手和探险爱好者的理想起点。这里还有众多各具特色的酒吧，让游客尽享派对乐趣。附近居民也都生活悠闲，全家出动在山间徒步野餐，就是当地人日常的生活方式。

作为国家级风景名胜区，四季风景如画的西岭雪山也是世界自然遗产——四川大熊猫栖息地之一。近年来，大邑坚定推进景区转型发展，以产品服务创新推进生态价值转化，营造"公园 +"新经济新业态新消费，丰富产品供给、营造多元场景，全力打造运动康养产业功能区和国家级度假区。

青山碧水间，蓝天白云下，人们往往在此滑草，坐热气球，享受雪山带来的清凉。这里是避暑胜地，自然要多住上几天，再去日月坪看一场日出，赏一赏山顶翻滚的云海，望一望山下的美丽田野，此行就相当圆满了。

夏末，在西岭雪山，你甚至还可以参加一场火爆的音乐节。2020 年国庆假期，西岭雪山·顶雪音乐节在景区内开演，吸引了近千人参加，展开了一场六天六夜的音乐狂欢派

对。结合音乐、集市和美食，在西岭雪山的美景中，现场观众经历了一场相当奇幻的旅程。

去往花水湾和西岭雪山的路上，斜源共享小镇值得停下脚步去逛逛。这里有纵横的小巷，有青砖碧瓦的川西民居，还有随处可见的浓密的绣球花。相比其他传统古镇，这里的画风略显"清奇"，街上摆着一个相当洋气的白色钢琴，椅子则"趴"在高楼上，连自行车也上了墙，引得三五成群的游客纷纷拍照留念。不过，最受欢迎的打卡点当属文艺相框和倒立屋：一个适合凹造型，一个适合搞怪。在"煤炭经济墙"上，则记录了斜源曾经繁荣的煤炭经济。这里用老标语、老工具讲述着这座小镇的时代记忆。从衰落的煤炭小镇，到如今的网红打卡地，年接待游客量超十万人次，这些改变是如何发生的呢？据了解，大邑将旧场镇改造与山区群众搬迁入镇生态移民相结合，立足西岭雪山产业功能区，以旅居产业作为主导，拓展斜源街区为中心的一平方公里核心区，规划布局了"特色镇＋共享社区＋川西林盘＋主题精品民宿"的"两心一带"产业空间格局，营造全景式消费场景，发展社区新经济，把斜源片区打造成为一个旅居小镇，带动了主题精品民宿、运动康养产业发展，实现生态价值转换，建成"共享旅居"小镇。

这里不仅服务于本地居民，也服务于广大游客，成为游客和本地居民共享的生活型社区和康养度假胜地，力求实现"共享新经济的聚集地、区域旅游服务的平台地、承接市民下乡的分享地"，以诗意栖居的山水生态公园场景，实现了共享山居的生活方式。

斜江河之变

从雪山到平坝，大邑全境海拔落差近5000米，构造出地形丰富、生物多样的山水田园生态走廊。

发源于西岭雪山的斜江河堪称大邑的"母亲河"。晴好天气，西岭雪山抬头可见，斜江滨河绿道（城区段）成为许多市民和雪山合影的网红打卡地。

斜江滨河绿道（城区段）属天府绿道体系"七带"中的斜江河绿道，也是大邑县区域级绿道的重要组成部分。按照"景观化、景区化、可进入、可参与"的要求，绿道植入了生态保护、健康休闲、文化博览、经济发展、慢行交通、农业景观、海绵城市、应急避难

八大功能,并串联了沿线盐店林盘、马王林盘、王滩湿地、大安线旅游走廊、田园景观等。

值得一提的是,在绿道 3 号水闸处的地面上,以"大邑古八景"之一"斜江晚渡"的故事为蓝本,绘制了一幅约 1400 平方米的 3D 画,描绘了斜江河发源于西岭雪山,途经山区、丘区,沿岸风景如画,偶有几艘渡船荡漾其间的场景。其中的"悬空吊桥""独木桥""鲨鱼""恐龙"等画面效果逼真,让人仿佛身临其境。据了解,在项目建设过程中,大邑县广泛征求群众意愿,将绿道建设与特色镇培育创建、川西林盘保护利用、大地景观再造等重点工作充分结合。项目建成后,市民游客慕名而来,各种与 3D 画合影的图片刷爆微信朋友圈。

沿斜江河而下便是安仁古镇。斜江河南岸,一片 55 亩的薰衣草花海,在夏日里,紫色的薰衣草和马鞭草蔚然壮观,足以把人淹没在花丛中,这里便是安仁薰衣草世界,是锦绣安仁花卉公园的一部分。走进公园就像走进了植物王国,4 个超大立体花雕、12 组精品绿雕、100 余种花卉品类,让人感叹就像是"误入了莫奈花园"。

锦绣安仁花卉公园以"奇幻历险记"为主题,设置了"镜中城堡""彩雀谜音""魔豆岛"等 9 个游玩区域,非常适合喜欢童话故事的人们。其中两项吉尼斯世界纪录,也让这里成为全国唯一一个拥有两项吉尼斯世界纪录的花卉公园:镜中城堡,最大的花卉建筑结构;魔豆塔,最高的灌木造型瞭望塔。如果走久了玩累了,还可以乘坐热气球俯瞰花海,将美景尽收眼底。

从西岭雪山到斜源共享小镇,再到繁花盛放的锦绣安仁花卉公园……走进大邑,山城相映,人水共生,公园城市形态正日益凸显。

⊙花水湾

供图 大邑县委宣传部

以"西岭雪山下的公园城市"为目标定位，大邑努力塑造"依山而建，拥江而居"的山水宜居城市形态，彰显"城园一体，绿轴串联"的全域景观，把市民对美好生活的愿望融入公园城市的建设中，从点滴做起，让市民拥有更多获得感。

寻一处安逸，等你
文旅大邑新范式

窗含西岭，美田弥望，山水相融，被明代状元杨升庵称颂的"蜀之望县"——成都大邑，拥有最美的川西田园风景，川西所特有的林盘散落于此。在川西平原，林盘往往以数个农村院落为圆心，形成直径50至200米的圆，圆圈内层是环绕院落的高大树木，外层则是耕田，绿意盎然而又宁静朴实，正是陶渊明在《归园田居（其一）》中所描绘的理想生活图景："方宅十余亩，草屋八九间。榆柳荫后檐，桃李罗堂前……"一千多年后，陶渊明笔下的诗意依然洋溢在大邑的美丽乡村。

基于得天独厚的自然禀赋和底蕴深厚的历史文化，大邑正坚持多元融合发展，以农业+旅游、农业+文化创意、农业+互联网、农业+品牌，探索乡村振兴新路径。以"文旅大邑"建设为主线，以"西岭雪山下的公园城市"为目标定位，大邑坚持生态优先绿色发展，推动文博、文创、文旅"三文"融合，在创建国家全域旅游示范区和天府旅游名县的赛道上，探索文旅深度融合高质量发展新范式。

林盘——一种居住理想

走进祥和村，如同走进了一个美不胜收的乡村公园。

从成都市中心一路向西，一个小时不到，在穿越一片茂林修竹、沃土良田之后，便可踏入大邑县祥和村的"稻乡渔歌"。在这里，乡村绿道如毛细血管一般向沃野深处和林盘尽头延伸，并顺势串联起散落的游客中心、主题民宿、稻田迷宫和膳食博物馆。

正值金秋时节，稻田一片金黄，硕大饱满的谷穗把稻秆都压弯了腰，处处都是丰收的喜悦。2020 年 9 月 19 日，第二届"天府丰收节"在这里盛大开幕，上演了一番热闹的"丰"景大片：由 1134 片竹片全手工打造，直径达 11 米、高 6 米的稻乡渔歌"天府第一蒸"起锅，千余个蒸碗沿百米稻田铺满开来，游客能够品尝从田间直接送到餐桌的新鲜食材。在丰收节上，可以尝尝地道的农家土碗，也能带上孩子参加田园艺术教育，住在林盘民宿，于稻香之中听取蛙声一片。这里有各种精心规划设计出的村落场景，让你体验理想中和记忆里的乡村生活。

近年来，祥和村按照"产景相融、产旅一体、产村互动"的思路，深挖农耕文化，做强特色农业，运用空间美学提升乡村形态，引入社会资本参与社区发展，致力于打造稻乡渔歌林盘聚落。

如今，曾经的传统村落已蝶变成一个集农业观光、民俗体验、乡村美食、田园艺术教育、亲子娱乐、风情客栈、休闲农场等农商文旅体多种功能于一身的现代化农业精品公园社区。2020 年 1 月 2 日，稻乡渔歌林盘聚落获选 2019 年度成都市"十大最美川西林盘"。

在稻乡渔歌所呈现的新派田园场景背后，有着一个艺术的灵魂。艺术在稻乡渔歌中有着唤醒乡土、激活乡村的功能。从艺术向其他功能延伸开去，农商文旅体在稻乡渔歌产生了交叠，共同构成了稻乡渔歌的文化内涵。

艺术点亮乡村

稻乡渔歌艺术中心的环保土房看似普通，其实是一栋隐于竹林中的自然建筑。它是由推广自然建筑的艺术家 Michael 设计修建，有着用泥土、竹编、木材做成的墙体及稻草覆盖而成的屋顶，融合了传统川西农舍的建造工法。

所谓自然建筑（Natural building），源于 20 世纪 60 年代兴起的国际自然建筑运动。自然建筑最重要的前提不在于建筑技术的研发，而在于回归自然简单的生活——只取自己所需，只创造维持生存所必需的空间。这与因地制宜、就地取材、因材设计的川西民居有着异曲同工之妙。

艺术装置"九斗"位于艺术中心稻禾合院的庭院内，出自艺术家一斗先生。该装置由九个米斗组成。米斗，古代粮食计量工具，是一种官仓和民间百姓都会使用的量器。米斗作为艺术装置的表达元素，能跟这片土地产生最直接最紧密的联系。另外，米斗也是丰饶富足的象征，可作为招祥纳福的陈设品，表达对美好生活的祝福。九个米斗，一排三个整齐地排列在灰色的碎石里，像极了一块棕红色的井字田，切合着乡村振兴的主题。

艺术点亮乡村，最著名的案例要数日本濑户内国际艺术节。在日本，由于城市的集聚效应，偏远乡村的人口密度急剧下降，老龄化问题加剧，地方经济活力低下。为了恢复诸岛昔日自然与人和谐共生的活力，濑户内海大大小小 12 个岛屿和 2 个港口共同组成艺术展示舞台，成功地把无人问津的小岛变成了旅游胜地，也让当地乡村重新焕发生机，成为日本以当代艺术力量推进地方重塑的标志性项目。

而在大邑祥和村稻乡渔歌，透过这些艺术装置，人们无论是对朴实勤劳的农耕精神，还是对历史悠久的川西民居特色都能获得独特的休闲、居住和文化体验，从而产生"记忆点"，进而停留，乃至复游，去反复感受稻乡渔歌所散发的艺术田园魅力。

⊙ 稻乡渔歌

供图 稻乡渔歌

乡村里的"孵化器"

霓裳、木马、清茶、雕花、蜜蜡、土布、古玩……今年十一假期,大邑县青霞镇分水村又热闹起来。幸福公社的"幸福摊摊儿"依次摆开,各色小物件通过以物易物的方式售卖,像是一个大型结交朋友的聚会,吸引了不少游客驻足。往来交换间,邻里间的关系也更加亲近。

在巷子里漫步,给人最大的感触就是这里不像是一个观光旅游的村子,而是一个规划成熟的社区。幸福公社的建筑以川西院落为主,院子小而别致,建筑与相对独立的院子相辅相成。院子里,匠人师傅专心致志地做着自己的事情,所以时常能听到"嗒嗒嗒"的缝纫机声、"嚓嚓嚓"刨子翻飞的摩擦声。

作为大邑县重点打造的乡村振兴文创平台,经过十年多的发展,这里聚集了一大批设计师和匠人,创造了独特的乡村文创旅游模式。

通过将设计产业植入乡村，幸福公社不仅打造了都市人向往的田园生活，也成为青霞文创小镇强有力的依托平台，实现了对传统乡村旅游模式的提档升级。

据了解，幸福公社以"乡村生活 + 工作室 + 互联网 + 乡村市集"的模式，把社员变成生活的创客，每个人既是住户也是商家，既是游客也是店家，既是服务者也是玩家，让社区既是生活场也是生意场。

这里有农业创新创业平台，从包装艺术设计的角度出发，将农产品变成高端伴手礼，全面提升农产品的附加属性和品牌优势。100多位手工匠人和非遗传承人使这里成为传承传统手工艺的匠人村，孵化出包含非遗传承、手工文创、音乐、微电影、乡村改造、现代农业、儿童教育等在内的系列产品。

刺绣大赛、木艺大赛、手绘大赛、戏剧节、音乐节、幸福创意集市、幸福千家茶席……小小的乡村如今还承载起景区、孵化器、共享学堂等多项功能。这里每周举办幸福讲堂，邀请创业大咖、城市人才下乡讲课，带动农民创业，让农民积极参与到文化艺术的学习中；建设了雨花斋免费素食中心，当地村民积极参与主动介入，提供蔬菜、大米，参与做义工，学习传统文化；每月举办茶席大赛、坝坝宴，人们共聚一堂其乐融融。

让社区成为景区，让景区成为孵化器，从而为乡村振兴注入新动能。幸福公社的成功，正是源于对此的探索。

原载《天府文化》2020年第11期

拒绝"千城一面",东部新区"我有我精彩"

● 文/王 越

● 东部新区

> 成都东部新区从谋划到规划,在三年多的时间里,先后有96名院士、国际大师及知名专家,领衔100余支专业团队、3500余名专业技术人员参与其中,寻找一座理想城市的"完美方案"。通过五轮优化提升,一座具有全球眼光、国际视野、全新营城理念的未来之城即将浮出水面。

每座城市都有不同的山水新城规划,规划中最怕什么?"千城一面"!

参与成都东部新区规划的清华大学建筑学院院长庄惟敏曾如此解读过该现象:许多城市都要求城市建筑"形式新颖""与众不同""标志性",过分地要求"多样化",琉璃瓦、大屋顶的建筑有之,罗马柱、圆穹顶的建筑有之,全玻璃幕墙建筑有之,不考虑自身的文化历史、地理气候、山川形态、民风民俗,丧失了内部认同感,也就失去了外部的可识别性。没有了城市特色,每个城市看起来都很"花哨",整体看来却是"千城一面"。

如何避免"千城一面"?有一个现成的案例可供参考。2019年2月12日,成都召开"2019年东部新城发展委员会第一次会议",明确提出对标学习"雄安经验",将东部新区打造成为成都耀眼的名片、走向世界的"未来之城"。

如果从零开始造一座新城,这座城市会是什么模样?雄安新区可能正是该问题的完美答案。自2017年4月1日起,一场关于"理想城市"的中国试验在雄安新区如火如荼地展开。雄安新区建设是千年大计,其定位不只是疏解北京非首都功能集中承载地,更重要的是打造成为中国未来城市的样板。于是,建设雄安新区集合了城市规划、生态保护、产业发展和城市管理等方面的顶级智慧、先进经验。

发现成都之美
Discover the Beauty of Chengdu

谈到雄安新区的规划，中国城市规划设计研究院院长杨保军曾表示："千城一面的症结，就在于规划忽视了城市自身的特点。地处华北平原，拥抱白洋淀，这是雄安的特质。雄安新区规划是在对这一特质的深刻认识基础之上开展的编制工作：处理好城淀关系，立足平原建城，坚持区域协同发展。没有可以照搬照抄的规划方案，只有可以延续和不断深化的规划理念和思想。"

中国城市规划设计研究院是雄安新区规划编制的主体单位。作为中规院院长，杨保军不仅领导而且全程参与了整个规划的编制过程。在杨保军看来，千城一面就是一种"城市病"，而"中国城市的城市病蔓延，根子在于我们过于注重城市的经济发展功能，忽视了城市作

⊙ 龙马湖

为生活家园的基本属性，雄安规划是一次规划本源的回归"。

给城市居民创造一个美丽宜居的生活家园，始终是城市规划的根本目的。对于成都东部新区的规划，杨保军认为，应借鉴雄安新区经验，坚持天人合一的生态发展观念，所有建设尽量依照地形展开，不挖山，不截河，建筑方面不提倡高楼林立，要突出地方特色，"我们应该把城市'轻轻'放进绿水青山之间"，从而承载人民群众对美好生活的向往。

在著名国际城市规划大师、被誉为"新加坡规划之父"的刘太格看来，每个城市最大的特色，是这座城市的山水："你找不到第二个山水相同的城市，所以我们首先要学会尊重和保护山水生态。"

成都给自己找了个"难题"

建设成都东部新区，本身就是为了保护生态。成都提出的"东进"战略，对于降低成都平原资源环境压力，保护"精华灌区"自然文化遗产极为重要。跨过龙泉山，地理屏障被打开，成都迎来的是更加广阔的天地和永续发展的空间。

国内外发展实践表明，一座城市不可能无限蔓延扩张，发展到一定规模后，就会面临越来越严重的大城市病——交通越来越堵，市民对环境质量的抱怨越来越多，资源对产业发展的制约越来越大……所以要"跳出去"开辟新空间，容纳人口和产业增长。

在"新成都人"快速涌入的背景下，如何进一步提升城市经济和人口承载力？东部新区，正是成都发展战略的重要转移。中国城市规划设计研究院原院长李晓江说："这是成都给自己找的难题，但这是成都长远利益所在。"

作为京津冀协同发展专家咨询委员会委员，李晓江是最早参与到雄安新区规划设计专业工作中的专家之一。在他看来，除北京外，成都是少有的主动调整城市空间布局来疏解城市人口的城市，进而重塑产业经济地理，开辟经济社会发展"第二主战场"。

李晓江表示，成都跨过龙泉山向东发展，不仅是为了扩张，也是为了西部的保护、中部的优化，"是认识到了自己的资源价值和发展取向，有针对性地制定方针"。

具体而言，成都东进对于缓解大城市病的意义，"水"的意义相对重要。因为水资源的短缺直接限制了人口上限。之前成都无论是南进抑或中优，都处在岷江流域，而东进跨过龙泉山来到沱江流域，可谓水资源利用的"开源"做法。

不过，"要建一个体量这么大的城市，沱江承载得起吗？"邓玲对成都东部新区的印象，是从"疑虑"开始的。

邓玲是四川大学区域规划研究所所长，过去三年，她曾五次参与成都东部新区规划。2017 年，第一次踏勘三岔湖，邓玲考虑的就是沱江的生态保护问题——沱江曾一度是整个长江流域污染最严重的支流。

治理沱江，是"东进"的切入口。2018 年 11 月 22 日—23 日，成都召开龙泉山东侧沱江发展轴系列规划国际专家咨询会，会上讨论的一个重要文件，便是《龙泉山东侧沱江发展轴总体规划》。其中提出，应坚定以治水为前提，突出强调对生态价值的保护利用，统筹推进流域水环境治理与防洪涝工程建设，使沱江——绛溪河成为水清岸绿的长江上游重要生态廊道。

毗邻龙泉山城市森林公园，拥有贯通全域的沱江水系和三岔湖、龙泉湖、龙马湖等多个湖泊，以及丰富多样的浅丘地形地貌特色，成都东部新区的承载能力不容小觑。李晓江认为，4 个因素决定了规划建设成都东部新区的可行性，包括水资源工程保障、通风环境、土地资源支撑、地质条件。以水资源工程保障为例，通过实施"引大济岷"、毗河供水工程，建设久隆、羊毛沟等水库，成都东部新区供水量可达

到 12.91 亿立方米／年，能够满足 2035 年 300 万人 12.49 亿立方米／年的用水需求。

治水的背后，是以人为本，解决的是人从哪里来、有什么需求的问题。邓玲表示："成都东部新区最突出的资源禀赋是山水资源，在成都东部规划建设城市新区，核心是要利用好山水资源，合理确定城市组团的布局和规模，避免环境污染、交通拥堵等城市病的产生。"

宜居，需要减少交通的必要性

刘太格讲到自己在做规划时，一直在坚持的一个理念，就是"以人为本"："我们在做规划，规划是为谁服务的？这些都是为了居住在里面的居民，他们生活需要的所有方便的东西都要有，包括公园、学校、商场、工业……"

他建议在规划上，每 100 万～150 万人口划分为一个组团，每个组团功能高度齐全，宜居就可能实现，生活、工作能够近距离完成，还能减少能源的消耗，增强人的宜居性。

刘太格反复提到"人口密度"这一概念，新加坡的标准是人口达到 100 万～150 万就做拆分，保持一个中等个头。每个 150 万人口的片区，底下还有若干个卫星镇，中个子和小个子加在一起，就是一个大家族，形成了"卫星城市"。新加坡有很多个城中卫星城，他们合理分布，组成了大的框架。卫星城的规模在 20 万到 30 万人口之间，其功能高度齐全，不仅满足住户日常生活的需求，更能提供很多就业岗位。在自成一体的同时，很多居民可以在卫星城内得到从工作到生活的条件，节省了路途奔波的时间，增强了家人共处的宜居性，完全是一举多得的方案。但一定要注意的是，每个片区一定要有支撑性的功能，成为一个功能齐全的独立"城市"，"就像说要做炒饭一样，什么都要有，这样才好吃、丰盛"。

刘太格认为，区域内功能的完善能减少交通的使用，便可以减少堵车问题，进而减少能源的消耗，提升人的宜居性和对生态环境的保护，所以这么一个理念带来的效益是多元的。

可步行的城市，才是健康的城市。刘太格说，如果去新加坡，会发现路上肥胖的人很少，

○ 三岔站 TOD

供图　成都轨道交通集团

但如果到美国去，会见到许多肥胖的人。背后的很大一部分原因就是美国的城市交通纯靠汽车，建筑与建筑之间的距离非常之远，可步行的环节非常少。

日本知名建筑师、城市规划大师渡边庄太郎也表示，在东部新区的规划中，要以步行者为中心来规划。作为 TOD 规划设计领域的专家，成都目前的 TOD 项目几乎都有渡边庄太郎的身影。

他说："TOD 站点很重要的一点是，机动车路网不会直接抵达站点，而是分布在站点的边缘。"在他看来，只有这样才能创造出高品质的慢行空间，保障行人在步行过程中的安全、舒适。

渡边庄太郎认为："出行方式是 TOD 原点，是否有安全舒适的慢行空间，是 TOD 能否成功的最关键支撑。"他总结，只有当慢行交通完善后，人们才会逐渐改变依靠私家车出行的习惯。"那个时候，更多市民放下自己家里的汽车。或许成都也会像现在世界上被赞誉的

⊙ 龙泉山城市森林公园

TOD代表城市一样，90%的居民都在用公共交通出行。"

在东部新区的规划中，轨道交通和慢行系统无缝连接，正是体现了这一理念。另外，规划中也提出，要推广"小街区"，这对于提高城市的步行友好度至关重要。李晓江表示，现在国家提倡小街区的设计理念，就是回归到了城市发展本身，"如果你走在一个很窄的街区里面，就会觉得自己和环境是融为一体的"。

公园城市的未来是"家在公园"

未来的东部新区，力求生产、生活和生态平衡，在"精筑城、广聚人、强功能、兴产业"的开发思路下，承担着"公园城市示范窗口"的使命。

什么是"公园城市"？中国工程院院士、成都市公园城市规划建设首席顾问专家吴志强表示，公园城市并非一个已存在的学术名词，目前暂未发现相关理论研究和系统实践。在他看来，不应该是"公园"和"城市"的简单叠加，而应是"公""园""城""市"四个字的含义总和。

他解释说，"公"代表了公共性，对应公共交往的功能，譬如过去很多漂亮的公园都被"围"在院子里，老百姓不容易进去，而公共性就是指设施要开放给大众，让百姓受益；"园"泛指各种游憩境域，对应生态系统；"城"对应人居与生活；"市"对应的则是产业经济活动。"公""园""城""市"四字代表了功能配比良好、复合性高、系统性强的城市统一整体状态。

当下，很多人理解公园城市就是在城市中建设更多公园、更多绿地。在吴志强眼里，公园城市远远不仅是让眼睛看到绿色，"更重要的是整个生态系统、整个生活系统、整个生产系统，能够道法自然，学习自然生态的生生不息，能够充满活力与生命力，这是真正的要义所在"。

按照吴志强的理解，公园城市的未来是"家在公园"。这是指将生活生产所需的六大功能——职、住、医、教、文、商与公园结合在一起，在区域内实现 15 分钟通达。这类区域，我们过去称为社区，吴志强认为更有中国味道的词语应该是"家园"。

"如果把这些日常需求最根本的六大功能与家园组合在一起，这个城市会变得非常智慧。"吴志强说，在他看来，公园城市对于成都特别的意义，正在于理顺人和自然之间的关系，"成都西北和东南生态差异很大，它绝对不能随便地去模仿一个其他大都市的形态。"

东部新区具备建设公园城市的充足条件，东部新区的生态空间规划建设也落实了公园城市理念。吴志强认为，就建设东部新区而言，这是成都进入生态文明阶段、重构城市空间和功能布局的重要决策部署，是尊重城市发展规律，贯彻落实以人民为中心的发展思想，践行新发展理念、回应人民美好生活向往的必然选择。

具体而言，不同地方的公园应从"什么人使用"角度出发，从人文历史、生物环境、视觉景观等多方面考虑。刘太格团队主要成员、新加坡 MORROW 建筑规划公司高级规划师黄启中认为，对公园的规划不一定要追求"大"，而应该考虑其功能和植物是否适宜当地。"我们在打造公园城市的时候，应该尽可能采用本地的植物，避免盲目追求不适宜本土土壤和气候的植物。"他还提到，公园城市的建设，要把绿化作为一项长期工作来做，"它不像建筑项目，在短期内就能看到效果，但建设公园城市会给我们后人留下一大笔财富。"

变"隔空唱戏"为"二龙戏珠"

以东部新区为支点，以点连轴，推动成渝相向发展，这是成都东进背后更进一步的构想。而这一支点最终撬动的，是一个世界级城市群的远大抱负。

2020 年是东部新区成立元年，也是成渝地区双城经济圈建设开局之年。

李晓江认为，规划建设成都东部新区是落实国家战略部署和四川省战略要求的重要举措，"东部新区位于成渝发展主轴主干，有利于带动成渝中部地区城市快速崛起，推动成

渝相向发展。与此同时，东部新区位于成德眉资中心腹地，有利于推动成都与德眉资三市同城化发展，推动经济和人口承载能力提升，打造高质量发展增长极和动力源。"

李晓江表示，未来，一方面要让东部新区的基础设施、公共服务有完善的配套，能够独立运行；另外一方面也仍然要借助成都超级中心城市的辐射带动作用。东部新区不仅是提升成都的产能，还是成渝地区双城经济圈建设重要的组成部分，是重要的战略节点，一个对外的门户枢纽。东部新区不仅要和成都主城区加强联系，还要和德阳、资阳、眉山加强联系，同时还要和重庆加强联系。"我们在东部新区规划了两条高速铁路，用高速铁路这样一个优质的交通资源来实现和周边地区、更大区域，乃至跟全国的重要地区、重要城市、重点节点互联互通。"他补充说。

著名经济学家、北京大学新结构经济学研究院林毅夫院长领衔撰写的《成渝地区双城经济圈建设的新结构经济学分析建议报告》中明确提出，成渝地区双城经济圈建设如按照"因势利导"和"倒弹琵琶"的两条自下而上和自上而下的发展思路，按照"圈"来规划融合发展变"隔空唱戏"为"二龙戏珠"，政府与市场、中央与地方、内部与外部协同发力，一定能够完成中央赋予的历史使命，把成渝地区双城经济圈建设成我国的第四个发展极绝对是一个可以实现的理想。

变"隔空唱戏"为"二龙戏珠"，这意味着成渝地区双城经济圈须是"实圈"，只有成渝合体产生的实圈才能产生有影响力的对外辐射，成为全国性的中心。

自2017年4月始，成都"东进"跨越龙泉山，推动城市空间格局从"两山夹一城"向"一山连两翼"转变，城市格局迎来"千年之变"。2020年5月6日，成都东部新区正式挂牌，迈出了历史性的步伐，为成渝合体奠定了坚实基础。

原载《天府文化》2020年第7期

山水之间的生活创想家

● 文 / 黄修眉

● 都江堰

> 在山的仁与水的智之间,拥有深厚传统文化的都江堰在今天闪耀着独特的光芒。当代都江堰人希望营造出全新的旅游金三角——"拜水都江堰,问道青城山,欢聚文旅城",通过打造全域旅游,重新诠释这座千年山水古城,重构一方现代生活的美学天地。

家庭欢乐城　体验蜀文化

　　成都融创文旅城(以下简称"文旅城"),位于青城山大道与灌温大道之间,抬头望去,远处墨色的山峦云雾缭绕,而近处文旅城的雪世界和水世界,巨大的白色建筑如空中的云朵,成都人的欢乐美好被它包围着。这是都江堰市送给成都人的一份礼物——一座专注于给每个家庭供应快乐的"城中城",一座体验蜀文化特色的欢乐之地。

　　文旅城占地约 4600 亩,总建筑面积约 76 万平方米,由融创乐园、融创雪世界、融创水世界、融创茂(商场)、高端酒店群、锦秀剧场、国际会议中心、滨湖酒吧街八大业态组成。这座由融创文旅集团推出的文旅城,是集多元产业于一体的世界级综合旅游度假目的地,其独创的新消费场景,为都江堰市带来了夜经济、滑雪经济、住宿经济、会务经济等多种新经济形态。

　　成都不仅有山有水,甚至还能观雪山。每年夏秋之际,成都人在城市里就能遥望远方的雪山美景,是全国唯一一座在市区就能看到雪山的大城市。到冬季,"川A大军"便纷

◎ 都江堰安澜索桥

供图 都江堰市文化体育与旅游局

纷驱车前往西岭雪山，近距离体验玩雪滑雪的乐趣。受限于地理条件，成都人只能在冬季短暂地体验冰天雪地里的速度与激情。但是，从2020年9月19日起，文旅城在都江堰市开业后，填补了都江堰市文化旅游衍生产品的空白，文旅城内的融创雪世界创造出一个一年四季皆可玩雪滑雪的场景。这里拥有5万平方米的全球最大造雪区，2.1万平方米的全球最大娱雪区，拥有1.3万吨的全球最大造雪量，是全球领先的世界级室内冰雪综合体，也是国内多座融创文旅城中规模最大的雪世界。其中藏羌秘境冰雪主题，还原了雪山附近的藏羌风格建筑，营造出独一无二的冰雪交融的休闲体验。

过去人们到都江堰市旅游，多是以一种纯粹观光游览的方式，来去匆匆。如今，忙碌的人们慢了下来，静了下来，总觉得缺少一些动态与充满活力的场景。而文旅城的建成，给清幽的都江堰市带来了热闹与欢愉。

2020年伊始，都江堰市在传统山水旅游之上，创造出全新的发展场景：以都江堰、青城山、文旅城为核心，在世界级室内滑雪场感受冰雪激情，在惊险刺激中品味非凡美景，领略蜀文化舞台秀营造出的难忘的观赏体验。成都融创文旅城与其他城市文旅城的不同之处在于，它巧妙地运用了蜀文化元素，为人们创造出一方体验地方文化的乐园。

一走进融创乐园，人的心绪会立即变得活跃起来。乐园入口的建筑五彩斑斓，细节处凸显着蜀文化的运用，墙壁巧妙运用了太阳神鸟金箔放射状圆形元素，翘起的屋檐则模仿神鸟向上曲翘的尾部。

融创乐园将巴蜀水文化、道教文化、三国文化、熊猫文化巧妙融合。在乐园内，飞行影院可以让你体会飞跃都江堰、青城山、九寨沟等四川著名旅游胜地的快感；原创表演剧目《马秀·三国》将三国时期诸葛亮校场点兵、南蛮族奇袭蜀营等历史故事与马上跨栏、骑射等马术表演结合，让来自五湖四海的游人体验那个英雄辈出的热血时代；在冰舞剧场里，中国现存唯一驻场冰上特技舞剧《爱丽丝梦游仙境》则是为小朋友们献上的一场视觉盛宴，舞台灯光舞美效果能与专业音乐剧相媲美，如梦如幻，宛若仙境。

文旅城将游乐、体验、演艺欣赏、美食购物融为一体，与融创雪世界、融创水世界、融创茂等八大业态，共同构建出青城山脚下、都江堰旁边的欢乐之城。融创文旅城的理想，是做中国家庭的欢乐供应商。对于成都与都江堰市来说，文旅担纲引领着成都文旅产业转型升级、重塑城市格局的重任。

如今，国内旅游消费市场正由观光游向休闲度假游转变。消费者旅游的形式，早就从 1.0 版本的"跑景打卡"升级为 2.0 版本的"吃喝玩住"。最近几年来，更是升级为 3.0 版本的"心灵的旅行"。人们对旅行的需求，不再停留在粗放简单的"从自己熟悉的地方移动到他人熟悉的地方"的阶段，而是深入心理层面、精神层面，希望在旅游中感受到文化的滋养，通过旅行，追寻真正的自我。这给全球旅

游目的地都江堰带来了重新诠释千年历史文化、重新创造当代都江堰的契机。

成都融创文旅城的创建，意味着"拜水都江堰、问道青城山、欢聚文旅城"的西部文旅新三角格局正式形成。在这个西部文旅新三角格局背后，文旅城既是文旅产业格局迭代升级的引领者，也是城市经济发展的强劲推手，驱动都江堰市文旅产业升级，助力成都从"山水过境游"升级为"目的地游"，将原有的资源势能转化为了经济动能。

我与他者建构"人的风景"

在都江堰市，有两个传统文化再创造的典型案例，它们继承悠远传统文化的同时，又创造性地与当下结合，所重构的，不仅是传统文化的生活场景，还有由都江堰本地人与外地游客、外地企业家等共同组建的身份认同共同体。"今年五一期间，我们咖啡馆的接待量达到3万人次，在受疫情影响下，营业额仍然比去年同期翻了一番。"猪圈咖啡馆位于都江堰市柳街镇川西音乐林盘，从创始人宋建明的介绍中，可以看出它的吸引力。

宋建明是土生土长的都江堰人，外出打工20年后回家乡，发现家乡基础设施正日益完善，就毅然决定抓住农旅融合这个契机返乡创业。2012年，宋建明开起了农家乐，但由于经营模式老旧，农家乐不仅没有营利，还让他赔了不少本金。

2016年，宋建明一行人到浙江桐庐县荻浦村考察，被荻浦村极具创意性和乡土民俗气息的"牛栏咖啡"和"猪栏茶吧"所触动。回到

都江堰，宋建明就想，自己从小生长在川西林盘，为何不能也建一座"猪圈咖啡"？

当年8月，宋建明首先对农场进行扩建提升，并联动当地农户用废弃的猪圈和林盘资源入股，开启了"旧貌换新颜"之旅。用了将近一年时间，宋建明打造出了都江堰第一家乡村特色咖啡馆"猪圈咖啡"。咖啡馆用竹栅栏和砌石为墙，以猪槽点缀为景，将废旧锄头、镰刀、竹筐、磨盘、鸡公车等农具及小物件进行创意搭配，形成了以农耕文化、别致的农村庭院文化为核心的展示体验消费场景。通过精心改造，闲置的"猪圈"焕然一新成为"乡村星巴克"，瞬间成为红遍川西坝子的网红打卡地。

随着游客量飙升，宋建明与合作伙伴将周边的自留地和林盘相继租下，先后建成玫瑰园、堰香阁农庄等旅游观光地，同时又邀请音乐机构进驻，并与音乐人团队策划合作，植入音乐主题元素，渐渐地便形成了眼前的川西音乐林盘。"我也曾在外打拼过，之所以最终选择回乡投资创业，一是川西林盘有美景、有生态、有乡愁；二是全域旅游助推乡村旅游发展，让人看得见农旅结合的潜力。"宋建明说。

猪圈咖啡目前已成为都江堰市成功打造"全域旅游示范区""天府青城度假区"和"天府旅游名县"的一个重要旅游景点，仅2020年上半年就接待游客超过10万人次，旅游收入超500万元。2020年初，农业农村部发布了全国农村创新创业优秀带头人典型案例名单，"猪圈咖啡＋川西音乐林盘"的创始人宋建明入围。

如果猪圈咖啡与川西音乐林盘是对传统农耕文化的现代重构，那么江南忆庄园酒店即是江南文化与都江堰本地山水文化的融合体。

"此地有崇山峻岭，茂林修竹"，用《兰亭集序》里的这句话来形容虹口旅游度假区的风景甚为贴切。位于虹口旅游度假区的"江南忆"，仅其名，就已流露出淡淡的江南乡愁，这抹乡愁，属于一个栖居成都的浙商袁海忠。久居他乡思故里，袁海忠不惜斥重资打造了他的梦里故乡——江南忆庄园，将那份江南乡愁深深地植根在都江堰，江南忆庄园也成为四川精品旅游酒店中一道别样而亮丽的风景。

江南忆庄园是都江堰市唯一融合江南文化的休闲度假型品质酒店。步入庄园，是一个广场，广场前方是一栋白墙灰瓦的两层建筑，即为四川浙商美术馆；广场左侧则是白墙灰瓦的围墙和圆形门洞，修竹侧立，诗意而含蓄。江南忆庄园不仅外表构建流露出江南味，很多物件也是从江浙一带搜寻购买而来，一切尽显返璞归真，把江南异乡味留在了四川，留在了虹口度假区。

江南忆庄园总经理王斌是都江堰人，出于工作原因，她常接待江浙一带的企业家和从全世界各地来都江堰开会、考察、投资的人士。在她看来，历史悠久的都江堰想要发展，人是最核心的因素，都江堰能吸引并留住江浙企业家在这里创业，就证明了其自身天然的魅力。但如何真正与这些有识之士联手营造城市，还需要都江堰进行更为深入的思考。

全域旅游 "都江堰样本"

走进都江堰市 4A 级景区古城区，一道厚重的城门串联起老灌县的古韵和现代都江堰的风采。古城里，是缓慢流淌的时光，都江堰传统山水的风韵一直在流传着；古城外，成都融创文旅城热闹声声。这里的一山一水以轻柔的风格勾勒出都市人所向往的美好生活，而这美好的背后，就是都江堰市着力文旅融合发展，打造全域旅游的实践之举。

文旅产业是中国经济高质量发展的重要动力。有业内人士认为，在国家倡导"以国内大循环为主、国际国内双循环相互促进"的发展格局之下，拥有丰富生态和文旅资源的城市将迎来新的机遇。而且按照国家十三五规划，文化产业和旅游产业将成为我国支柱产业，文旅产业在未来 5 到 10 年将达到 15 万亿元的规模，占 GDP 的 15% 到 18%。所以，有专家表示，下一个十年，如果错过了"文旅产业"，必将错过一个黄金时代。

先秦李冰以一座水利工程成就了天府之国，东汉张陵又给幽甲天下的青城山注入道教文化的灵韵，这份鲜活的文化遗产，融山水、人、文、道与熊猫的精彩和魅力于一体，优质的自然资源奠定了其独有的旅游格局。

⊙ 都江堰融创茂

除了"拜水都江堰、问道青城山、欢聚文旅城"旅游金三角外，近年来，都江堰对全市范围内旅游资源进行整合运营，开发出特色乡村旅游、特色主题小镇旅游，发展康养产业、国际赛事活动等一系列旅游项目，以全新的旅游形式吸引各地游客来到这座山水之城。

以一组数据来了解一下都江堰旅游的火热：2020年国庆假日期间，都江堰共接待游客253.44万人次，同比增长29.32%；实现旅游综合收入34.28亿元，同比增长20%；全市酒店客房出租率达83.5%。这些火爆的数据说明，都江堰正以全域旅游的新形势成为最热门的中国旅游目的地之一。

在全域旅游和"旅游+"模式的广泛应用和引领下，都江堰市成功引进安缦、悦榕庄等知名酒店品牌15家；培育"见素山居"等精品民宿38家；创建成都市A级林盘景区8个，柳街"中国诗歌之乡"、安龙"川派盆景艺术小镇"、龙池"中国漂流小镇"等特色旅游项目逐步形成品牌；成功举办了成都双遗马拉松、Haute·Route 大青城公路自行车赛等赛事活动。日益完善的旅游产品体系，已成为都江堰文旅经济快速发展的重要支撑，通过"旅游+"发展模式，推动农、商、文、体、旅大融合，绘就了都江堰市全域旅游新蓝图。

都江堰自 2016 年成为全国首批国家全域旅游示范区创建单位以来，紧紧围绕全域旅游示范区创建，探索形成了"旅游主导、国际视野"的全域旅游发展模式，绘就了都江堰市旅游发展由 AAAAA 景区观光旅游向"5A+"全域旅游转型的"都江堰样本"。发展"全域旅游"已是都江堰发展部署的重中之重。目前，都江堰总体规划划定了"85%自然生态环境区、15% 生态经济区"，并以全域旅游为统揽，优化功能区布局，设立了四川青城山旅游装备产业功能区、李冰文化创意旅游产业功能区、都江堰精华灌区康养产业功能区。今天的都江堰，正在实现产业转型升级。

原载《天府文化》2020 年第 11 期

科创空间孵化未来

● 文/王 越　　　　　　　　　　　　　　　　● 高新区

> 成都高新区正全面推进高品质科创空间建设。科创空间不是孵化器的简单升级版，而是聚焦产业链创新，提供"一站式"科技服务和高品质生活服务配套。高品质的科创空间，既能够为中小微企业创造价值、分享价值，又拥有鲜明的产业生态。

"网红"的空间

锦城湖畔，独栋别墅隐藏在茂密绿植中，让人感觉仿佛走进了一个高端居住区。进入爱奇艺潮流文化坊，画面突变：经典的奇异果绿与黑白格地板撞色，给人以强烈的视觉冲击，无论是涂鸦走廊还是复古咖啡吧台，都让这里看起来像是一个网红咖啡馆。

这里其实是个办公空间，不仅能喝咖啡，还能用来开会、路演。路演厅的墙上挂满了涂鸦滑板，下了班不想回家的园区入驻人员还可以在这里看比赛直播。

据了解，爱奇艺潮流文化坊是在高新区支持下，由爱奇艺与天象产城共同打造的爱奇艺线下生态赋能与空间载体，是爱奇艺国内首家线下生态赋能与深化文创体验为一体的文创产业服务载体。

在瞪羚谷数字文创产业基地的"样板间"——天府长岛一期，这样的数字文创与潮流创意项目，比比皆是。这里已有多家企业入驻，其中包括《哪吒》主创团队成都可可豆动画影视有限公司。刘天池表演工坊也在此落户，将打造一个西南影视人才孵化基地。腾讯新文创总部也选址于此,项目总投资50亿元,将重点发展游戏、电竞、动漫、视频、文旅等新文创业务,依托腾讯《王者荣耀》IP,以及腾讯WeSpace、腾讯电竞等方面的平台流量优势,吸引IP运营、游戏动漫、电竞赛事运营、直转播等产业链上下游企业入驻,构建腾讯新文创产业生态。

"虽然发展的方向不同,但是在文创产业的发展中,我们找到了新的合作点。"据腾讯成都分公司总经理林夏介绍,"以前《王者荣耀》的CG动画都是委托美国公司制作,现在通过交给成都本土的可可豆

◎ 爱奇异潮流文化坊·活力十足的开放式阶梯路演厅

供图 天象产城

动画制作,一套高品质的 CG 可以直接在成都诞生。""随着市场的认同,我们把古蜀文化、三国文化融入游戏中,让越来越多的人在游戏中感受天府文化。在为企业带来收益的同时也带动了游戏周边生产制造、游戏动画制作等产业的发展。"

作为一个以文创产业为核心的高品质科创空间,瞪羚谷数字文创产业基地是成都网络视听与数字文创产业发展的重要承载园区,重点培育一批成长速度快、发展潜力大的瞪羚企业,推动"文创+""科技+"深度融合。

服务的平台

8 月 6 日,成都—亚马逊 AWS 联合创新中心启动运营。AWS 是亚马逊公司旗下的云计算技术服务平台,也是全球先进的云计算服务提供商。该联合创新中心位于高新区中国—欧洲中心和新川创新科技园 AI 创新中心,设有孵化器、加速器、国际化创客空间、人才基地四大板块,总面积 2 万平方米,拥有 150 个独立办公空间和 2300 个工位,目前已吸引了包括智能家居、短视频、室内精准定位、AR/VR、智慧诊疗等领域的 21 家数字经济企业入驻。

楷登电子便是入驻企业之一,公司中国区产品总监冯江表示:"我们将与成都高新区和 AWS 三方共同打造全球首创的 EDA(电子设计自动化)云赋能平台。"该平台旨在为成都高新区集成电路设计企业提供深程度、高层次、专业化的 EDA 服务包,让设计在云端完成,从而提升区内半导体企业核心竞争力,推动成都高新区半导体产业转型升级。

在 AI 创新中心内,快手直播电商全国总部项目则将依托快手平台超 3 亿的日活用户以及在电商、直播带货、短视频等方面的技术流量优势,吸引 MCN 机构(相当于网红经纪人)、知名网红及品牌商入驻,构建直播电商产业生态。下一步,快手还将在成都高新区打造国内首个"5G+ 短视频产业基地",搭建快手短视频孵化空间、短视频创作公共技术服务平台、快手培训学院，引进并培育优质文创企业、MCN 机构等，逐步形成短视频产业生态。

创新的助力

想要孵化、培育、扶持创新型企业发展，资金的支持至关重要。

在高新区上万家科技型企业中，成立于 2013 年、专门从事智能投影和激光电视的成都市极米科技有限公司是佼佼者之一。该公司在 2018 年估值已达到 30 亿元，荣登成都准独角兽企业榜单。但在创业早期，极米科技就因为遇到了电商促销节，缺乏资金提前备货而发愁。

由于极米科技是一家轻资产的科技公司，没有房产和固定设备，传统银行尽管看好其发展，但对给其贷款还是有些顾虑。之后，极米科技向成都高新区打造的盈创动力科技金融服务平台寻求帮助。仅仅在申请一个月后，他们就通过高新区政策性贷款产品"成长贷"，获得了一笔 500 万元的贷款。"现在回过头来看，500 万元算不上是一笔大的融资，但对于当时的极米科技来说，真的是雪中送炭。"成都市极米科技有限公司董事长钟波感叹道。

走进锦城大道 539 号的盈创动力科技金融大厦，在 6 万平方米的物理空间里，吸引了包括人民银行、交通银行、成都银行、川藏股权交易中心等 50 余家金融及服务机构入驻，同时与近 200 家金融及服务机构建立起战略合作伙伴关系，聚集资金规模超过 500 亿元。

这里不仅是集聚金融机构的"物理载体"和"资金池"，还拥有完善科技金融服务模式的市场化运营平台，在高新区成长壮大的明星企业，如博芯联科、谛听科技、墨比科技等，都不乏盈创动力的资本扶持。2017 年 9 月，盈创动力探索的"面向中小企业的一站式投融资信息服务"作为成都经验，成为国务院 13 项推广改革举措之一。

想要吸引投资，路演也是一个好办法。为了帮助创客们打造一个高效投资对接平台，

高新区软件园

高新腾讯大厦

高新区科技和人才工作局策划举办了"创业夜市之投资人荟客厅"，通过小型项目"路演+沙龙"的方式，为优质项目和专业投资机构搭建定向、深入的场景，帮助创业者精准对接行业资深投资人、链接同行业人脉。

6月11日，一场"创业夜市"在菁蓉汇举行。现场邀请到长虹跨境孵化器徐耿出席，以及启迪之星、洪泰基金、富坤创投、点亮伯恩资本4家投资机构，基本覆盖了文娱、机器人、消费电子等领域。本次活动共有7个项目进行了路演。项目创始人与投资人面对面交谈，通过现场商业策划书展示，从行业发展前景、市场分析，再到竞品分析、初创团队介绍与投资人进行交流。

在本次路演中，德能森智能科技（成都）有限公司的智能物联网云受到投资人的格外关注。该项目是2019阿里巴巴全球诸神之战创新创业大赛·AIOT（人工智能物联网）全球总冠军。项目负责人介绍，该项目的产品包括主机、网关、执行器、传感器、开关量装置等在内共计50多款，通过与华为Hilink、阿里智能人居、涂鸦云等平台的对接，德能森智能物联网云能够管理多家厂家的上万种硬件设备，成为智能家居行业最强大的物联网云平台。

"创"造美好生活

高新区有宜居宜业的烟火气，水系、绿地等自然本底融入城市规划中，实现了生产、生活、生态三个空间交融，以及自然本底的全民共享。

强大的科技创新，建立在真切的生活需求之上。高新区是成都产

业发展主阵地，同时也有宜居宜业的烟火气。高新区按照"强功能、补短板"原则，积极策划实施项目，营造良好的休闲、消费应用场景，围绕"人城产"融合，不断提升片区人群生活品质。在发展产业的同时，坚持生活导向，不断满足人民群众日益增长的美好生活需要。

2020年国庆假期，山东女孩哒哒来到成都第二天的游玩安排是，白天去熊猫基地，晚上去五岔子大桥。这座2020年1月正式通行的五岔子大桥，以象征无限潜力与拥抱未来的"莫比乌斯环"为设计理念，以独特的双层造型和梦幻般的光影效果吸引无数市民、游人前来打卡。

而毗邻五岔子大桥的江滩公园，也是人气爆棚。抖音官方发布的《2020年五一抖音数据报告》显示，江滩公园是全国被点赞数最多的景点，甚至被网友称作"成都的马尔代夫"。这里有无边泳池，以整幅凡·高的星空图案为底，配上阳光、沙滩、棕榈树、草亭等，让人仿佛置身于东南亚海滩。欣赏完美景还可以在全川最大的人工沙滩上打打沙滩排球，尽情挥洒汗水。此外，园中拥有集科技、运动为一体的交互式智慧健身设备，打破公园传统体育建设设施单一的壁垒。竞速单车、能量跑酷、电竞足球，以及光感攀岩，通过声光电以及不同玩法模式的组合，呈现出科技感十足的炫酷体验。

一桥一园如此受欢迎，不仅体现了市民对于美好生活体验空间的追求，也彰显了高新区不断提升区域生活品质的努力。在这里，水系、绿地等自然本底融入城市规划中，实现了生产、生活、生态三个空间的交融，以及自然本底的全民共享。

公园式的特色街区

在高新区芳草街街道蓓蕾社区，一座动漫风的厕所被推上"头条"。它的一侧绘有锦鲤，头顶一个哪吒，哪吒脚底是汹涌的海水，在厕所的入门处，还有两只立体的眼睛。这样的配置，让大家很难相信，它仅仅是一座厕所。据蓓蕾社区工作人员魏彩介绍，这是结合整个社区的特色来打造的原创国潮风厕所。

高大的老黄葛树从四合院内探出半个身躯，原汁原味的金钱板表演、川话相声、天府故事摄影展、老成都主题的图书……2020 年初，散花书院实体店也开到了蓓蕾社区。一经亮相，其舒适、轻松、亲切的环境，就吸引了众多社区居民纷纷前来。引入文化主题书院，传播文化，交流学术，是芳草街街道 2020 年提升景观风貌的举措之一。

在芳草街街道紫薇社区，曾经封闭的围墙被拆除了，取而代之的是高低错落的景观花池座椅，让行人有更多的绿色休息空间。曾经闲置的空间，现在增设了一处绿色长廊，攀爬的蔷薇花沿着廊架蔓延生长，成为社区新的活动场所和展示空间。

当下，高新区着力构建生态区、绿道、公园、小游园、微绿地五级城市绿化体系，以绿道为线串联城市生态要素，加速形成"园在城中、城在园中"的生态融合景观，让市民们在家门口就能静下心来，亲近自然，享受生活。

未来感与烟火气

生命健康讲座、医美展示、产业科普长廊、企业花田……这些是产业园区的成果展示；舟钓路亚城市公开赛、航模精英赛……这些是水上运动专业赛事；森林魔法学院、湖畔泡泡屋、美食市井、天空之镜、水上大黄鸭、网红鸟巢……这些是"网红地"的打卡元素。当生产、生活、生态融为一体，会产生怎样的化学反应？

2020 年 9 月 29 日，高新区以公园城市理念打造的永安湖城市森林公园开园。与其他城市森林公园相比，永安湖城市森林公园因位于成都天府国际生物城产业功能区，在生态基础上更多融合了生产和生活，呈现出独特的形态。"生产、生活、生态是成都天府国际生物城所践行的'三生融合'理念，将持续推进产业功能区生态空间与消费场景、商业场

景、生活场景有机融合,提升宜居宜业宜商品质。"成都天府国际生物城相关负责人表示。

新川之心北侧,新川创新科技园的核心区域,高新区正在此打造一个公园城市新型产业社区——成都5G智慧城先导区。2020年9月17日,成都5G智慧城先导区深度城市设计方案出炉,以"未来感+烟火气"为核心理念,"暖色新川·烟火未来"为设计主题,打造科技结合人文的产业生态社区。

"为什么强调'未来感+烟火气'?"中选团队负责人、中国建筑西南设计研究院副总建筑师、城市设计研究中心主任兼总建筑师刘刚解释说,成都是一个烟火气很重的城市,而"最有前景"的科技必须与真实的生活结合,就是要设计未来科技和成都的市井生活融合得刚好的场景。

据悉,成都5G智慧城先导区将重点构建自然科技体验街区、水岸生活街区等五大活力公共廊道,以及5G与人工智能科技馆、新川智趣场等八大公共场所节点,在科技应用场景上都有不同的侧重点。这里未来大量入驻的是科技产业,因此在设计的时候空间布局和产业布局都和普通城区有非常大的不一样,特别强调的是产业人群的互动和交流交往。更多未来生活场景也会在这里呈现,比如区域内规划的医疗机构,未来可以实现5G远程医疗,让社区老年人或行动不便的居民在家就可以实现诊疗。

未来,在这样的城市里,科技会根植于社区生活以及普通民众的交往,而生活以科技做支撑,也变得美好可期。

原载《天府文化》2020年第11期

◎铁像寺水街茶馆

交通，让城市无界

● 文 / 王 越

● 简 阳

> 美国联邦快递货物分拣中心落户后，令原本并不知名的孟菲斯国际机场一跃成为世界物流中心，孟菲斯也赢得了美国"航空都市"的美誉。孟菲斯创造的航空业奇迹，给很多交通枢纽型城市带来启示。

交通是城市形成、发展的重要条件，是构成城市的主要物质要素，是城市发展的主要动力。纵观古今中外城市发展的历史，无数实例都证明了交通对城市发展具有深刻的影响。美国北卡罗来纳大学教授约翰·卡萨达指出，城市的轮廓和命运取决于交通运输方式。

在古代，水运是大规模运输最为有效的方式。河流是最早的交通要道，文明的诞生便是源于河流，也正是河流创造了城市。放眼全球，绝大部分城市都有一条代表城市荣耀的母亲河。直至今日，远洋货轮也在运输大量物资方面起着重要作用。

成都也是因水而兴。李冰主持修建都江堰，让成都平原成就天府之国的美名，也让通江达海的"万里船"成为可能。元朝时，旅游达人马可·波罗来到成都，对着"锦江船舶众多，商贾云集，往来上下游，渔民拉网捕鱼"的景象连连赞叹。

从成都走水路出川，岷江之外，就是沱江了。在简阳，沱江穿城而过。沱江畔的石桥古镇，是沟通川西、川南、川北的交通枢纽，民国时期（1912—1949 年），这里曾是川中有名的金融中心、商贸中心，位列四大名镇，有"小汉口"之称。据《四川文史资料》记载，1919 年 6 月初，陈毅等 60 名赴法勤工俭学学生从成都出发，先是坐轿子翻龙泉山，

◎ 简阳沱江

次日下山后到简阳石桥上船，一路坐船去重庆。

曾经的沱江水运，见证了简阳便利的交通。如今，随着《成都港总体规划》的批复，沱江港区将作为成都港的重要港区，以旅游客运为主，货物运输为辅，主要服务于当地人民群众生活需要和临港产业发展。对于简阳而言，意味着城市发展的新机遇，江之所在，即是繁华所向。

作为"蜀都东大门"，简阳自古就是"密迩锦城，西控巴陵"的战略要地。如今，简阳更成为成渝地区双城经济圈发展主轴上的重要节点城市和推进成渝协作重要的"窗口"和"门户"，是成都实施"东进"战略的主战场、主阵地，区位优势异常显著。即将开建的成渝中线高铁也将在东进区域设站，这无疑又将大大缩短成渝两地之间的时

空距离,进一步强化简阳的交通枢纽地位。

铁路为内陆城市带来了物流和人流,带来了城市建设的钢筋水泥,带来了经济发展的动力。而航空器的出现,为我们提供了世界范围的运输网络,使全球范围的商务和旅行成为可能,催生出跨国公司全球供应链的运营模式。

在促进地方经济发展过程中,航空所起的作用越来越大。据统计,航空运输业对世界经济产出的贡献率约4.5%,机场每创造100美元收入,将带动其他附加产出325美元。

如今,成都天府国际机场即将通航。新机场巨大的吞吐量将为简阳注入澎湃的发展动能。依托天府国际机场构建立体综合交通运输体系,简阳将打造航空物流基地及电商、零售商供应网络枢纽,建设东进区域智能制造高地。

交通要脉之上,城市往来畅行无界。可以预见,未来成渝地区产业、人口及各类生产要素将更为高速流动、高效集聚。而在多重机遇叠加下,简阳正加速成为成渝发展轴线上人流、物流、资金流、信息流汇聚的世界级"黄金口岸"。宜业、宜居、宜商、宜游,未来的简阳,将是一个"东进"区域的高品质生活家园,一座面向世界的未来之城。

从巴蜀"古驿站"到成渝"新枢纽"

简阳作为成渝地区双城经济圈发展主轴上的重要节点,将成为两地相向发展的重要"桥头堡"。

作为"蜀都东大门",简阳一直是成都对外交通的重要的门户枢纽。随着天府国际机场的建设、高铁的布局、成都港的规划,简阳的交通枢纽地位更加凸显。

如今成渝携手共唱"双城记"、共建"经济圈",简阳作为成渝地区双城经济圈发展主轴上的重要节点,将成为两地相向发展的重要"桥头堡"。

不断拉近的时空距离

成都的东大路，是沟通川东方向的必经之路，最早在蜀汉时期成型，到了唐代正式成为官道。而后开始设驿站，从锦官驿到龙泉驿再到阳安驿，全长 70 公里，便是我们所熟知的东大路了。

阳安驿设在旧时简州县衙（今简阳市马号街附近），康熙初年，有马十二匹、马夫六名。往来的官员在这里交换文书、换马休息。

据记载，当时的东大路上，"商贾轮蹄，往来憧憧，不减大郡"。可见其繁华，成渝交往之频繁。从重庆来成都，过了简阳，就进入了成都地界，所以简阳被誉为"蜀都东大门"。

往返成渝间，走水路还是要轻松些。从简阳坐船沿沱江而下，进入长江，便直抵重庆。

因水陆交汇，东大路上的货物和旅客往往都在简阳城北的石桥古镇转运。这里最辉煌时，沱江边樯帆林立，舟楫络绎，船工号子沸反盈天，木船停靠千艘以上。

据《石桥镇志》记载："镇上有六大会馆、九大码头、一百多家茶铺，米、糖、烟、酒、盐、棉、油、山货等'八大商'的商户达 300 余户……"因商贸发达，金融业也在石桥兴起，银行就开了 12 家。

无论是走陆路还是水路，以前，成渝之间往来，走十天半个月是常态。进入 20 世纪，随着老成渝路修通，成渝铁路、成渝高速通车，两地通勤时间从几天压缩到了几小时。

到 2009 年，有了动车，而后又有了成渝高铁，时间缩短至 85 分钟。目前成渝高铁最短时间 62 分钟，未来的成渝中线高铁，则将突破

©简阳鳌山公园

一小时大关。

交通的日益便捷,是成渝两地共唱"双城记"、共建"经济圈"的基础支撑。只有时空距离的拉近,才能更好促进文化的融合、经济的互动、生活的交汇。

据报道,成渝中线高铁最快将于2020年年底前开工建设。据初步研究方案,成渝中线高铁将途经简阳,在简州新城附近设站,这将进一步强化作为"东进"主战场的简阳的交通枢纽地位,让简阳同步迈入成渝两地的"1小时生活圈"。

简阳正在迎来更多的战略机遇。2020年1月3日,中央财经委员会第六次会议提出"要推动成渝地区双城经济圈建设,在西部形成高质量发展的重要增长极","使成渝地区成为具有全国影响力的重要经济中心、科技创新中心、改革开放新高地、高品质生活宜居地"。

从成渝经济区、成渝城市群,再到如今建设成渝地区双城经济圈,双城发展被推到了国家战略层面,一局大棋在成渝之间渐次铺开,简阳便是其中一枚重要的棋子。作为成都的东部门户,简阳将被打造成为成渝相向发展轴线上的门户枢纽城市。

新机场,新动能

2020年11月3日上午10点10分左右,成都天府国际机场首次迎来飞机落地。该飞机于9点左右从成都双流国际机场起飞,执行天府机场的第一次校飞任务。

对于一座新机场而言,开展校飞意味着机场的配套空管、灯光设

◎ 成都天府国际机场

施设备等已经全部完成了安装调试,距离机场投用更近了一步。

作为等级最高的 4F 机场,天府国际机场定位为国家级国际航空枢纽,目前建设了 3 条跑道,投用后可满足年旅客吞吐量 4000 万人次、货邮吞吐量 70 万吨、飞机起降量 32 万架次的使用需求。

这巨大的流量,将加快成都建设国际门户枢纽城市,打造临空经济和航空城,助力四川加快融入全球经济版图。

对于简阳而言,这张强大的交通网一旦形成,不靠海的简阳也将成为对外开放新门户的窗口,借助"空中通道",联结全球的人流、货流、信息流和资金流,加快城市全球发展的步伐。

围绕这座即将竣工的新机场,简阳早就绘制了一片经济蓝图。简阳临空经济产业园、成都空天产业功能区、西部电商物流产业功能区正在高起点、高标准推进建设,聚力培育产业生态圈、创新生态链,打造三个千亿级产业集群。

来到成都空天产业功能区,这里的运渣车、挖掘机来回穿梭,机器轰鸣,干劲十足。作为成都市 66 个产业功能区中唯一以航天产业为主导的功能区,成都空天产业功能区规划面积 168.5 平方公里,定位为航空航天高端装备制造集群发展承载地,重点发展智能制造装备和航天装备产业。

在众多于此落户的企业中,星河动力专注于低成本商业火箭发射。星河动力将在简阳进行新一代商业运载火箭的创新研发项目,拟建设数据中心、动力中心、运管中心、生产研发楼、产业孵化楼等。

近年来,商业航天产业布局也开始加速。2020 年 5 月 31 日,猎鹰 9 号搭载着 SpaceX 研发的龙飞船进入太空。4 天后,星链计划第八批 60 颗卫星成功发射。而在国内,国家发改委在 2020 年 4 月首次将"卫星互联网"纳入新基建范围,民营航天企业迎来了新的发展机遇。航天这项以往只有"国家队"才能实现的工作,已经成为一批民企进入的赛道。2020 年 11 月 7 日,星河动力自主研发的"谷神星一号(遥一)简阳号"商业运载火箭在酒泉卫星发射中心成功发射。这是星河动力公司实施的首次发射任务，也是中国民营商业火箭首次进入 500 千米太阳同步轨道。

此外，四川星空年代投资了 120 亿元，也将项目落户简阳，在成都空天产业功能区建设"一带一路"高通量（KA）宽带卫星应用产业基地。

"我们在简阳打造的产业基地，采用国际标准进行建设，瞄准的是国内和国际市场，将努力推动我国科技服务业整体发展，带动简阳传统产业升级转型，这一战略布局与成都空天产业功能区的定位是非常吻合的。"星空年代通信技术有限公司有关负责人表示。迈入"空港时代"，从成渝"古驿站"蝶变为未来"新枢纽"的简阳，正汇聚全球要素，进而提档升级、聚势赋能，以打造国际空港门户枢纽城市、宜业宜居山水公园城市、东进区域智能制造高地为支撑，加快了建设成都东部区域中心城市的步伐。

未来的文创生活中心

紫气东来，作为成都"东进"的标志性工程，简阳市"东来印象"流畅飘逸的建筑造型，犹如神鸟展翅。

在东来印象项目施工现场，主体建筑雏形已现，工人们正在各自工位上紧张地忙碌着。目前，该项目建设正按计划推进。成都 2021 年第 31 届世界大学生夏季运动会（简称"成都大运会"）的跳水和柔道赛事，将在这里举办。

作为简阳市文化体育中心，东来印象并不仅仅是一个体育馆。从设计之初，东来印象就被赋予相当多的建筑功能，共包括"八馆五中心两园一家一大剧院"。

其中"八馆"即图书馆、文化馆、美术馆、博物馆、档案馆、方志馆、体育馆、游泳馆；"五中心"即广电中心、青少年活动中心、全民健身中心、国民体质监测中心、市民中心；"两园"即体育公园和文创产业园；"一家一大剧院"即艺术家之家和大剧院。

◉ 简阳绛溪河上打鱼船

"办好一个赛事,搞活一座城市。"举办国际性赛事的意义,从来都不仅限于体育和赛事本身。迎接成都大运会,简阳的营城理念,也不止于东来印象这一文化新地标,而是要通过举办赛事推动城市设施完善、交通优化、生态改善、面貌焕新、品质提升,扩大有效投资、消费需求、就业岗位,不断提升城市的功能品质。

从多功能叠加的东来印象就可以看到,简阳早已开始考量场馆建设的"后半篇"文章——希望借势打造"东进"区域最大的文创中心,永久构筑起满足市民对美好生活向往的"城市客厅""城市书房""城市健身房"。

"从家里出来,外面就是沱江绿道G段,过了桥走5分钟就是天星公园。就盼着天星公园能尽早开放,好去逛逛呢!"每天,家住蓝湖城邦的居民杨琴遛弯儿走到沱江沿岸绿道,遥望着对岸的天星公园时总要念叨两句。正在紧张建设中的天星公园与东来印象相距不远，是简阳市重要的城市形象展示窗口。项目预计于 2020 年年底开放。成都大运会期间，它将向全世界展示简阳美丽宜居城市的靓丽形象。

"岁晚沱江绿，云深锦树新"。位于龙泉山东麓，沱江穿流而过的简阳，自古以来就是山川形胜、人文鼎盛的宜居宜业之城。如今，在此起彼伏、蓝绿交织的浅丘风貌映衬下，简阳的"城市封面"已化为一卷现代公园城市美好生活图景。

傍晚来临，迎着江风，在沱江绿道上散步或者小跑，令人心旷神怡。点缀于绿道之上的水舞广场、远航乐园、航空文化园，则让这里更富于文化趣味，吸引更多市民前来。

创造高品质生活

出门有绿道、随处是公园、沱江城中流……随着公园城市理念深度融入城市建设各领域，宜业宜居的山水公园城市品质持续彰显，简阳呈现的城市风貌、城市形态，已然成为承载美好生活向往的重要载体。

简阳市委十五届十三次全会明确建设宜业宜居山水公园城市是重要战略新支点的具象化，就是要依托独特的山水资源优势，塑造公园城市形态、培育特色城市文态、营造优美城市生态，加快建设人城境业高度和谐统一的大美公园城市。

具体如何建？简阳市委主要负责人表示，要塑优公园城市风貌，充分利用浅丘地貌、山形地势、河流走向，依托沱江、绛溪河、葫芦坝、龙王山等自然生态资源，沿山沿绿沿水沿道布局大尺度生态廊道和高品质绿色空间，构建多元大地景观体系，塑造望山见水、蓝绿交织的城市界面。分类建设绿道型、山水型、郊野型、人文型、街区型、产业型公园城市形态，探索公园城市简阳表达。

同时，将深度挖掘城市文化魅力，大力培树"大道至简、阳光致远"的城市精神，讲好"东进"故事。实施文化重现工程，加强对圣德寺白塔、石桥古镇等文化遗址、历史文化街区、名人故里的保护利用，再现一塔凌云、印鳌拱璧、应第莲池等"简州八景"风貌。依托城市建筑、街区、道路，建设一批具有鲜明简阳印记的文化地标、文化公园和文化景观。

从简阳人民公园的健身绿道走出，信步来到公园后街，熟悉这条街的市民总会发出感叹，街道发生新变化，更有文化味了。一条3D文化墙上，"简州八景"中的金绛流虹、渔村暮艇、应第莲池和文化宫、渡口、文庙、成渝铁路等老照片一下子就把老简阳人的记忆唤醒；一面浮雕墙上，简州四状元的介绍，让人感受到这座城市文脉的源远流长；几幅描绘商户开店、居民购物、孩童嬉戏、老人闲聊的画作，又让人领略到了这座城市浓厚的烟火气……

随着营城理念的更新，城市发展开始从经济逻辑转向人本逻辑，更需要考虑的是，如何让城市的经济实力转变成市民的获得感与幸福感。按照公园城市的建设思路，城市建设，需要在高质量发展中创造高品质生活，这是从"产城人"到"人城产"的根本逻辑的转变。

城市始终是"人"的城市，人民群众生活的幸福指数才是城市发展的价值归依。城市做到宜居宜业，才能吸引人群，才能让城市活起来。人聚、城美、产业兴。在新的历史方位中，简阳聚焦"打造承载美好生活向往的未来之城"目标，加快建设"城山相映、人水共生"的活力文明城市，让每一个热爱生活的人在这里找到家的感觉。

原载《天府文化》2020年第12期

消费，定义城市

● 文/侯雯雯

金牛

> 随着产业提档升级与互联网的发展，消费已成为定义当代城市新的坐标体系。如今，成都金牛商贸迎来新一轮大发展，以消费建立城市自我意识、个性与生活方式，旗帜鲜明地打造国际消费中心城市的"北城消费新中心"，从"铁半城"到"消费新中心"的伟大征程，堪称一部跨越时空的"金牛消费志"。

金牛区，是成都市中心城区之一，也是成都市区中人口最多、商贸最繁荣、经济最活跃的中心城区，经济总量连续30年居五城区第一。这里有享誉全国的荷花池综合市场、中国西部灯具第一城、西部最大五金机电交易基地。以产业功能区建设为载体，金牛区全面贯彻"中优"战略，正聚力打造生产生活生态"三生共融"的美丽宜居公园城市"中优提质典范区"。

见证一代人"成都梦"的荷花池就位于金牛区，因交通运输便利和日交易数额庞大，早在20世纪90年代就闻名全国。近两年，随着产业提档升级与互联网的发展，金牛商贸迎来新一轮大发展，荷花池紧跟时代步伐开始转型。如今，荷花池商圈升级3.0版购物中心，宏正、大成、蓝光金荷花等市场购物环境今非昔比，为市民带来更加多元的购物体验。

随着城市经济的发展和社会需求的增加，成都火车北站也将再次迎来变革与新生。未来，火车北站东西两侧将建五大立体广场群，形成"综合枢纽、超级广场"，不仅外观时尚大气，新火车站还有发达的商务商业、配套的休闲娱乐，将打造成体现新发展理念的城

市空间载体。以后,城北将是成都的时尚会客厅。

1899年,经济学家凡勃伦写出了西方消费社会的奠基之作《有闲阶级论》,第一次提到了消费对于城市的重要性,他指出当"中等收入"群体开始出现,人们就有余力消费,从而推动城市的持续增长。在当代文化消费理论方面极具世界影响力的社会学家费瑟斯通则指出,消费已经成为定义当代城市的新的坐标体系,经历了以生产为导向鼓励消费,以及注重使用价值与"炫耀性消费"的阶段,如今,城市已经进入了风格化消费时代,即"以消费建立城市自我意识、个性与生活方式的时代"。

在此背景下,各大城市都在尝试以消费为切口,策动新一轮的城市更新,并以此塑造自身的城市个性、风格以及生活方式。金牛区旗帜鲜明地打造国际消费中心城市的"北城消费新中心",便是深挖自身历史、个性和风格的必然之途。有了明确的目标和方向,金牛区给自己排出了时间表:到2021年,基本建成立足四川、辐射全国、面向世界的国际范、蜀都味、新型化消费城区,成为成都国际消费新核心区、成都文旅消费新引领区、成都新兴消费发展区、成都生产性消费新兴区。

在改革开放之初,荷花池经济活跃,成为四川乃至全国的经济地标。改革开放40年来,金牛厚积薄发,曾经熙熙攘攘的人群进入了现代化的写字楼,一个个卖"吼货"的个体经营户成为线上线下经营联动的现代企业。同时,随着对老旧市场的更新再造,重新进入人们视野的是一个个功能更为完善、配置更为高端的城市综合体……金牛,在改革中砥砺前行,在改革中重振雄风。

从曾经的商品流通集散地,到城市生活消费新中心,是消费塑造和定义了"金牛模式"。

重新发现荷花池

通过全产业链闭环打造及新经济赋能，成都荷花池市场逐步实现从传统批发市场到如今国际化新商贸中心的转型。

老成都一定听说过这样一句口口相传的秘诀："要致富，荷花池弄商铺。"在这个城市里，"荷花池"曾是一个富有魔力的词语，更是承载着一个时代传奇的所在。2020年，成都荷花池批发市场迎来了自己诞生的第34个年头。作为西部最大的综合性贸易市场，荷花池一度以每年数十亿交易额雄踞全国百强综合性商品贸易市场第七位。在荷花池诞生之后的二三十年间，这里是成都人缔造财富神话的传奇所在。那时候，北门汇集了全四川最齐全的商品，也汇集了来自五湖四海的追梦人。一大批怀揣梦想的人在这里起早贪黑，勤劳致富，亿万富翁、隐形富豪的都市神话层出不穷，至今让人津津乐道。

这里更是辐射西南的时尚策源地。在没有互联网的时代，"荷花池"三个字本身就是潮流的象征，权威地引领着每一季的流行趋势。在优衣库、ZARA、GAP等国外快销品牌进入春熙路之前，时髦的成都女郎选购服装的新中兴、泰华、九龙广场都是从荷花池进货，更不用说向省会城市看齐的小城姑娘们。喇叭裤、超短裙、茶歇裙、工装裤……时尚的风循环往复，今天在太古里街拍的网红妹儿们身上的潮衫，90%都曾在荷花池流行过一轮。

时代缔造"荷花池传奇"

据说，最早的荷花池真的有一个盛开着荷花的小池塘，但最终成就荷花池，让其声名远扬的当然不是花花草草，而是改革开放的春风。

20世纪80年代的成都，火车北站和北门汽车站便利的交通带来了旺盛的人气。在物

发现成都之美
Discover the Beauty of Chengdu

流和人流的作用下,催生出一大批集贸市场,渐呈燎原之势,包括西南地区最大的国家级生产资料集中交易场所——成都生产资料交易区、国家级荷花池中药材市场,以及西部五金机电交易中心和物流基地——金府机电大世界等一大批知名品牌市场。然而,要说其中最耀眼的"明星",当推成都第一个专业化的大型消费品批发零售市场——荷花池批发市场。1986年2月,荷花池批发市场一期工程全面竣工,包括8个开放式交易厅、2个封闭式交易厅、一栋服务大楼、50多间营业用房及仓库,于当年3月13日开业;二期工程建设水果交易区,迁建中药材交易区。

直到1989年11月全面竣工,荷花池批发市场共占地73亩,建

⊙ 成都站地下空间

筑总面积51166平方米，投资2450万元，其规模居西南地区集贸市场之首。1991年，荷花池市场年交易额达27亿元，进入全国十大批发市场之列。

1992年以来，因其独特的地理优势和商业聚集影响能力，以荷花池批发市场为核心，周边的大成市场、蓝光金荷花、荷花金池、宏正广场等商贸市场相继开业，逐步形成了极具规模的荷花池商圈。自此，人们在说"荷花池"三个字的时候，已经不仅仅指荷花池批发市场本尊，其指涉范围往往囊括了整个商圈。

那荷花池到底有好大？估计连地道的成都人都没有搞"伸展"过，反正荷花池、金荷花、大成市场、宏正广场等等，据说加起来足足有3个天府广场那么大，更兼小径分岔如迷宫，根本不可能一两天逛得完。

到2005年，荷花池批发市场划归成都市金牛区市场开发服务中心管理，当时的荷花池已位列全国综合市场第三，基本形成近1平方公里的市场区域，主要经营服装、纺织品、鞋类、玩具等12大类，从业人员达10余万人，日人流量10万余人次，年交易额200亿元以上。

传统批发市场困局

今年47岁的张富权正式成为荷花池街道办城管协管员不过四年，却对整个迷宫一样的荷花池了如指掌。他的父亲是1986年第一批进驻荷花池批发市场的生意人，而老张自己在成为协管员之前，子承父业，在荷花池做布匹批发生意足有23年，是"荷花池二代"。

"我是1993年被家里人从湖北恩施叫回成都的。"老张回忆，1993年是荷花池批发市场的黄金年代，一个仅几平方米的店面，每年都会产生数万元的收益。父亲的布匹批发生意兴隆得不得了，家里人根本忙不过来，就把刚刚在恩施娶了媳妇儿的老张紧急召回

来，让小两口帮忙打理生意。二十年如一日，全家人凌晨三点即起，开始一天的忙碌。

老张寡言，没有谈及当时是怎样日进斗金，只是点到为止地说自己为两个女儿各买了一套房子，言谈间充满自豪，他说自己的两个女儿相差11岁，大女儿刚刚结婚生子，小女儿才读初三。为什么没有继续做布匹批发了？他摇了摇头，简单地说："这几年生意难做了。"

认识到"生意难做"的当然不仅仅老张一家。进入21世纪以来，电商异军突起，全国所有批发市场都大受冲击，包括广州十三行、杭州四季青、北京动物园、武汉汉正街……都和成都荷花池一样，突然陷入困境。

从2009年开始，网络批发逐步发展起来，能以最快的速度给零售商提供最新信息并发货，其速度和价格都比二级批发市场具有优势，有的甚至可以一件代发。于是，零售商选择进货的渠道多了起来，二批市场变得十分尴尬。由于电商冲击和商业模式的更迭加速，传统商贸业丧失了竞争力，呈去中间化趋势，实体店交易量减少，销售逐步萎缩。同时，其他区域现代商贸业的快速发展，导致商流人流向外分流的加速。

随着中国经济的发展，传统的批发市场面临着转型升级的问题。市场对于商户的专业度、原创能力、生产能力等要求也随着消费水平的提高而变得越来越高。2013年2月，金牛区市场中心管理的荷花池市场关闭，开始实施对"金牛之心荷花池广场"的提升改造。

下一个韩国"东大门"毋庸讳言，即使是在荷花池的黄金时代也存在着诸多问题：受传统批发业态影响，从清晨开市至下午五点闭市期间人气旺盛，但闭市后人车稀少，缺乏生活气息、商业氛围。人员冗杂，"注意点儿"竟成了人们逛荷花池的第一反应。整个片区道路老旧，公共配套设施不足，整体品质较低，"脏乱差"严重影响了片区的发展。

时代潮流滚滚向前，转型升级势在必行。金牛区专门成立了荷花池片区提档升级工作领导小组，紧紧抓住成都市公园城市和消费中心城市建设有利契机，拉开了荷花池提档升级的序幕，通过实施产业、形态、秩序"三大提升行动"，高质量打造"时尚品牌之都、

⊙ 荷花池国际服饰时尚中心

川派服饰基地、西部交易中心",重塑荷花池金字招牌。

2016年11月12日,在金牛区属荷花池市场调迁改造项目原址,一个全新的升级项目——金牛之心·伊厦荷花池广场正式亮相,以新建的商业综合体,带动荷花池片区区域提档升级。这是荷花池片区老旧市场调迁改造项目中,第一个原址亮相的新建项目。全新的商业综合体让人看到了荷花池除了搞批发、卖"吼货",还有更多的可能。

而重新亮相的荷花池国际服饰时尚中心则是新型批零兼容展贸型综合商业体,共6层,商业建筑面积约8万平方米,常驻商家3600余户,是目前荷花池商圈体量最大、地理位置最优、设置最完善、配套最齐全、管理最规范、业态设置最合理的城市综合体。

◎ 金牛音乐广场

发现成都之美
Discover the Beauty of Chengdu

2020年4月29日，位于荷花池国际服饰时尚中心负一楼的"KZONE"韩国城西部首店开门进行试营业，面积11000平方米的韩国城由来自韩国的公司主导打造，采用韩式管理、韩式服务，内设韩国商品综合购物中心、韩流文化体验馆、韩国商品发布馆、网红直播及韩国美食街区。主要经营品类包括韩国进口女装、韩版设计女装、时尚女鞋、时尚女包、时尚饰品、韩国化妆品、韩式美食……韩国城项目的落地，打造了西部片区韩国城"首店"，填补了成都市乃至西部片区没有韩国服饰集约化板块的空白，让成都市民在家门口就能体验到原汁原味的韩国时尚。

在接受媒体采访时，韩方多次表示非常看好金牛区的优良营商环境以及西部片区的市场空白、荷花池商圈的区域优势，已在金牛区成立注册资金5000万元的中外合资企业，作为韩国城中国区运营中心，有意整合上海、广州、合肥等现有韩国城项目并在全国进行拓展。预计未来5年内引进韩国品牌500家，将在中国20个城市打造"韩国城"，"以项目为载体，架起一座金牛区荷花池与韩国潮流服饰行业合作的桥梁"。

韩国潮流服饰行业所走过的转型之路值得借鉴。同样是批发与零售市场，始建于1905年7月的韩国首尔"东大门"就是荷花池学习对标的一个极佳范本。韩国首尔东大门市场迄今已有100多年的历史，约有30个商场、3万多个商店，以及5万多个制作厂商云集于此，是亚洲最大规模的批发市场和最大的时装行业集群之一。"东大门"从2014年便开始转型升级，采取更新现代化设施、提升居民生活便利、争取游客等方法激活区域经济，实现了传统市场的重新跳跃，拥有独特的消费场景和消费文化氛围。如今，提到"东大门"，大家一定首先会想到两个关键词："购物"与"时尚"，这里不仅是24小时营业的购物天堂，还是著名的旅游景点："东大门时尚城观光特区"，传统市场与现代购物中心在这里共存，各自拥有自己独特的魅力。

而成都荷花池国际服饰时尚中心的发展定位为全球时尚品牌直购中心，下一步将注入专业时尚服装秀场、网红直播间、服装设计师共享空间、设计师、服装模特培训学院、川派服饰文化长廊、"池上锦"文化街区项目等，提升荷花池商圈的生存能力和综合竞争力，促进荷花池商圈及商圈内市场的提档升级和区域整体繁荣发展，打造多元化的时尚消费场景。想象一下，到"池上锦"文化街区的"汉服一条街"上买一套蜀锦汉服，穿着汉服逛韩国城，如此混搭的体验，走遍全世界也只有在荷花池能够实现。构建时尚服饰产业全产业链硬件的提档升级和历史文化底蕴的挖掘展示，归根结底是为产业铺路。一个全新荷花池的诞生，需要从业态上实现提档升级，构建时尚服饰产业全产业链：以荷花池市场项目为载体，叠加式植入时尚设计、T台展示、网络直播等新型业态，从交易方式、运营模式和商品结构

⦿ 韩国城

○ 新荷花池市场广
　场上的装置

等方面进行全面优化升级，主动向展示展贸、体验消费、定制服务等新业态新模式转型。其中最引人注目的"大手笔"是投入 3700 余万元，落地 FDC 面料图书馆，汇集全球最大规模现货料样数据，打造西部唯一、面向全球纺织服装面料的 B2B 电子商务交易平台。

FDC（Fabric Dealing Center）是由纺织和服装行业内专家发起组建，依托互联网、物联网、大数据、人工智能技术面向全球纺织服装面料的 B2B 电子商务交易平台。面料图书馆，汇集了全球最大规模的实物现货料样，以设计师视角进行分类，采用图书馆独创的分类系统，用最新的物联网科技给每块面料进行唯一的身份识别认证，形成线上线下面料展示，为纺织品交易建立数据基础，同时供买家、卖家免费借阅查询。目前面料图书馆已拥有国内外数百万种优质面料，并持续不断地添加和更新。面料图书馆工作人员对这些面料进行分类、编码和信息数据的处理，通过料卡每种面料都拥有了一个独立的、唯一的身份，每张料卡里面嵌入物联网芯片，每张料卡的编码都是全球唯一编码，料卡内的智能芯片是这种面料唯一的身份证。在购买时，面料从厂家出来就带着它独有的 ID 信息，它到了什么位置，是不是在指定的地点交给了客户，都可以通过这个编码查询到。

面料图书馆内有桌面自助系统，借阅者只要用手机连上面料图书馆的 Wi-Fi，扫描桌面上的二维码，其取阅的料卡所对应的面料的花色、产地、幅宽、成分、价格等信息，会立刻在手机上显示出来，查阅对比非常方便，并可直接购买。

此前，面料图书馆已在北京和广州落地。与北京服装学院合作建立的面料图书馆深受纺织服装设计院校的认可，为在实战环境下培养

纺织服装产业的未来人才提供了方便智能的教学条件，大大推动了北服产、学、研的进一步系统性提升和国际化、市场化的融入。

同时，面料图书馆为包括阿里和京东在内的多家零售和供应链平台提供数据支撑及实体服务；在线面料供应商 8000 余家，面料图书馆馆藏 1100 万 SKU 数据料卡，已成为全球最大面料数据库。粗具规模的面料交易平台已在有效帮助买卖双方降低成本、减少库存。而且，面料图书馆还以大数据预判流行趋势，大幅提升纺织印染工厂的供应链效率，降低面料供需双方的信息获取成本，极大地提升了面料交易的高效便捷。

通过改变纺织及服装制造业传统的交易和操作模式，通过建立传统产业有机融合"互联网 + 物联网 + 大数据 + 人工智能"的运营新模式，面料图书馆正在帮助实现集约、高效、低成本、高产值、高利润的新兴纺织服装及专项面料产业集群的转型升级。

如今，落地成都的面料图书馆是西南片区唯一的面料综合交易平台，对于改变荷花池商圈产业基础薄弱、产业链缺失、产业层级低端、经营理念落后等问题，打破片区提档升级"瓶颈"，实现服装时尚产业"前后端"资源聚集、助推荷花池片区产业提档升级具有十分重要的意义。

与北京服装学院合作，依托面料图书馆等载体，在荷花池打造西南高级定制中心，引进国际国内知名设计师及新锐、优秀设计师，建立服装高定国际化专业平台，形成"设计研发在金牛，生产制造在周边"的合作纽带，带动形成创意设计、产品制造、品牌塑造、展示展销、文化传播等时尚产业链，推动区域产业结构升级，建设具有国际影响力的创意设计聚集地，打造国际化、时尚化城市品牌。

目前，"中国服装定制产业基地总部"及"中国服装定制产业基地西部时尚发布中心""中国服装定制产业基地西部定制设计中心"均已在荷花池落户。展望荷花池未来蓝图，人才是重中之重，不久以后，一大批中外知名设计师将入驻西南高级定制中心。

原载《天府文化》2020 年第 7 期

中国哲学小镇：用哲学与世界对话

● 文 / 侯雯雯

● 金 堂

> 不用把哲学想象得太深奥。"哲学"一词的英文 Philosophy 源自希腊文，由希腊文的 Philia（爱）和 Sophia（智慧）两个词组成，简单明了，意思就是"爱智慧"。

宋代大儒朱熹的《朱子语类》中记载，北宋时，四川眉山有个进士叫唐子西，有一次在蜀道的旅馆墙壁上看到一联："天不生仲尼，万古如长夜"。经由朱熹之笔，这句掷地有声的话流传了下来。正是因为人类思想史上出现过孔子以及像孔子一样了不起的哲学家们，方才点亮黑暗和蒙昧，让文明发展到今天。

哲学家就像夜空中熠熠的明星，以其精湛的思想和超人智慧引领着时代，反映时代精神的精华，是以在他们过世之后，人们依然会追寻他们的足迹，设想其在世时的种种。时至今日，依然有人会到大英博物馆的圆形阅览室，寻找"马克思的脚印"，只因有书本里讲到马克思曾日复一日地坐在那里，写出了厚厚三大册的《资本论》。人们从全世界飞到伦敦的海格特公墓探望这位哲学家，在两米高的大理石碑顶上，有铜铸的马克思像，墓碑中央写着：卡尔·马克思，生于 1818 年 5 月 5 日，卒于 1883 年 3 月 14 日。墓碑下方镌刻着他的名言："哲学家们只是用不同的方式解释世界，而问题在于改变世界。"

解释世界也好，改变世界也好，已故哲学家们如流星划过宇宙，但他们的足迹是后人最宝贵的财富。

从五凤镇走出的哲学家

从成都市金堂县走出的文化名人,最著名的当推文学家流沙河和哲学家贺麟。

贺麟是现代中国著名的哲学家、翻译家、哲学史家,是现代新儒家代表人物之一。他于1902年9月20日出生于金堂县杨柳沟一户乡绅家庭,8岁入私塾,后入新式小学和中学,1919年考入清华学校(清华大学前身)中等科二年级,1926年夏毕业于该校高等科。1926年至1930年,先后在美国的奥柏林、芝加哥和哈佛三所大学求学,接受了系统的西方哲学和社会科学的严格训练。1930年夏,赴德国柏林大学系统学习和研究黑格尔哲学一年。1931年回国后在北京大学哲学系任教,1936年成为教授。1992年9月23日逝世于北京,享年90岁。

贺麟一生研究、翻译了大量西方哲学著作,将西方哲学思想引入中国,并对中西哲学思想进行融合,创立了新的哲学研究理论,在思想史上,是开山立派的一代宗师。今天中国的哲学研究者们,即使不是出自贺麟门下,也必然读过贺麟的译著,用北京大学哲学系教授张祥龙的话说,"不了解贺麟先生的学术活动和成果,就无法真正知晓现代中国如何引入、消化西方哲学,也会茫然于新儒家运动一个重大的思想源头。"

哲学家已逝,但其思想长存。

在《贺麟全集》的出版说明里,执弟子礼的张祥龙高度评价了贺麟学说,指出即使时间进入21世纪的当下,贺麟思想依然显露出多维度的深意:

◎贺麟故居大门

"人类世界将进入一个各种文化,特别是东西方文化相激相融的时代,那些能够站在这个交汇之处,能真正有助于理解这样一个历史过程的学说将获得更多的关注。尤其是,在这个数理化、技术化、商品化的时代,那既不躲避,亦不苟从,而是能在'理'中不失'心'源,或以新鲜的方式体会出'心即理也'者,当有蓬勃的活力和未来。"

哲学意义上的返乡

虽然少小离家,但贺麟一直没有忘记自己的故土。他在 20 世纪 80 年代回乡探亲时,将自己的部分著作和藏书,以及多年积蓄和稿费捐赠给了家乡的学校,并在金堂淮口中学设立"贺麟奖学金"。

那一年,已然 83 岁高龄的哲学家预料自己去日无多,向家人表示身后一定要葬回老家五凤。1992 年,90 岁的贺麟在北京逝世,家人为了满足老人的心愿,将他的骨灰一半存在北京八宝山公墓,一半带回了金堂县,存放在县殡仪馆。2002 年,贺麟先生的女儿、时任清华大学党委书记的贺美英在回乡探亲时,决定满足父亲的夙愿,在条件合适的时候将贺麟的骨灰迁回他幼年时就读的黄狮小学(现五凤小学)。

德国浪漫主义诗人诺瓦利斯曾对哲学下过一个定义:"哲学活动的本质就是精神还乡,凡是怀着乡愁的冲动到处寻找精神家园的活动皆可称之为哲学活动。"随着贺麟的骨灰入土五凤,哲学家魂归故里,完成了身体和精神的双重还乡。

在五凤镇外两公里的寨子山半山腰一处清幽僻静处,典型的川西林盘,茂林修竹掩映着一座两重三进四合院,便是贺麟故居。从杨柳溪边沿一坡满是时光刻痕的石梯拾级而上,可以看见匾额上刻有天府名家张幼矩书写的"心园"二字,暗合贺麟所开创的"新心学"。据贺麟侄孙贺杰介绍,五凤贺氏一族是唐代大诗人贺知章的后裔,原籍湖南,是清初"湖广填四川"时迁徙入蜀的,移居五凤后"家道日兴,田园渐广"。

◉ 贺麟故居

贺麟故居这座院落始建于清乾隆八年（1743年），咸丰年间（1851—1861年）分家时由贺麟曾祖父贺道四与堂兄贺道三在此安居，后有扩建，包括住房和作坊（烧坊、染坊等）共有房屋80余间。

如今，随着五凤镇进行旅游古镇整体规划开发，金堂县县政府和五凤镇镇政府商请贺麟亲属共同投资，于2010年对这座名人故居进行大规模修复，按原有格局和传统技艺进行了"修旧如旧"，最大限度恢复到1949年前的大院原貌。修复工程于2010年底完成，这座老宅终于又重放异彩。

工作与生活都在成都的贺杰，代表贺麟亲属牵头贺麟故居的修复工作。在1985年捐款给淮口中学设立的"贺麟奖学金"的基础上，贺杰又发起成立了"成都贺麟教育基金会"，筹集善款，助学、助教、助研。

2015年12月，成都贺麟故居纪念馆正式成立，设陈列室8个，保管陈列贺麟手稿、书籍、物品，以及贺氏家族文物，常年免费开放。门边墙上密密麻麻的牌子显示，该纪念馆现为"中国民主同盟盟员教育基地"，四川大学哲学系、西南民族大学政治系、四川省社科院社会学所、台湾东海大学哲学系、成都医学院、清华大学哲学系等单位学术交流基地。据工作人员统计，通过承办中国青年哲学论坛等活动，纪念馆年接待海内外专家学者和普通游客达3万人以上。

2016年11月13日，来自中国社会科学院、清华大学、柏林大学等中外高等学府的专家学者专程来到贺麟故里，为"中国哲学小镇"揭牌。

哲学意义上的小镇美学

贺麟在西南联合大学任教时曾经写过一篇名为《自然与人生》的小文，文章中开宗明义地表示："人若不接近自然，就难于真正了解人生。"问题是，我们应该回到什么样的自然呢？显然并不是与世隔绝、避世孤立的自然。贺麟所倡的"回归自然"是借自然来充实人生，发现人生的真理，增强生命的力量，从而提升自我。贺麟在文章中明确写道："所谓人类回到自然的自然，是指具体的、有机的、美化的、神圣的外界而言，这个意义的自然，可以发人兴会、欣人耳目、启人心智、慰人灵魂，是与人类精神相通的。这是有生命有灵魂的自然。人生需要自然来作育。人生需要自然供给力量。自然是人生的'净化教育'。自然是人生力量的源泉。"

今天的五凤古镇，无疑就是这样一个符合哲学家审美的高品质的"自然"——五凤镇面向沱江，背靠龙泉山，是成都十大古镇中唯一的山地古镇，是拥有"山—江—城"独特生态格局的国家级历史文化名镇。独特古镇、传统村落与自然山水相互交织，半边山江半边城，可以发人兴会、欣人耳目；又因哲学家贺麟的渊源，让这个学界认可的"中国哲学小镇"更有了文化底蕴和厚度，足以启人心智、慰人灵魂。如此特色小镇，既能陶冶情操，给人以"净化"，也能助人了解人生的真义，于人的身心有益。

中国古镇的开发运营，面临着一些共性问题，要么是"千镇一面"毫无个性特色，要么是有特色空间无特色产业、有文化历史无文化消费、有经营主体无经营模式、有游客增量无效益增长。2016年"中国哲学小镇"正式揭牌后，围绕自身人文底蕴和生态禀赋，五凤镇逐渐找准自己的定位：用哲学与世界对话，将"中国哲学小镇"打造成为龙泉山城市森林公园特色会客厅。

在此基础上，五凤镇规划形成了"一核、两带、四区"的空间结构——一核：五凤古镇景区；两带：拥江城镇发展带，龙泉山生态发展带；四区：文化旅游度假区、沱江生态体验区、山地运动康养区和

◎ 五凤溪古镇

特色农业产业区。

目前，由金堂县联合成都市文旅集团共同打造的五凤古镇二期项目逐渐揭开神秘面纱，该项目占地 1900 多亩，总投资 10 亿元左右，包括王爷庙码头、繁花山谷、沱江索桥、露天音乐厅等景观。

走过沱江索桥，便是全新亮相的露天音乐厅，占地面积约 11 亩，临水照花，拥有非常炫酷的水舞声光秀，能适应音乐节、旅游休闲等多元场景。同时，五凤镇还多角度向特色生态农业和文化创意产业进军：发展果蔬、花卉等特色种植业；着重延伸产业链，向产加销一体化、采摘、观光农业发展；发展农业电商，拓展农产品销售平台；挖掘古镇文化元素，与设计、创意、艺术、动漫、演艺等方式相结合，发展一批具有五凤镇特色的文创产品、文艺作品，提升古镇文化品牌形象。

原载《天府文化》2020 年第 7 期

家在公园里

● 文/王　越

● 锦　江

"开窗见绿、推门见景",公园、小游园、微绿地遍布城市的各个角落,将整个锦江变为一座巨大的"公园"。在这个大公园里,蕴藏着美好生活的无限可能。

公园城市的未来,是"家在公园",这便是对"推门就是美好生活"的生动注解。把场景营造与重塑城市形态结合起来,锦江区用公园城市理念设计创新城市价值,加速植入文创、健身、休闲等多元场景,强化公园和城市有机融合,让市民推开家门就能体验到美好生活。

锦江边的公共书屋

锦江边,绿道上,在成都市锦江区东安南路,一个透明的玻璃房掩映在绿树浓荫下,造型独特,窗明几净,让人眼前一亮。大门正上方悬挂着一白色牌匾,上书"锦书来"三个大字,笔力苍劲,望之令人忘俗。屋顶采用仿木格栅,看上去就像书页。一推开大门,书香便扑鼻而来。

这处名为"锦书来"的公共书屋,取自李清照的经典词句"云中谁寄锦书来",与锦江的名字相衬,贴切又雅致。书屋内,错落有致的书架上摆满了整整齐齐的书籍,各种精致的创意小品和绿色植物装点其间。市民三三两两地坐在柔软的沙发上看书，整个书屋内只听得见沙沙的翻书声。屋外车流不息，绿道上人来人往，这里倒是个闹中取静的好地方。因为是周末，坐在店内看书喝茶的人还不少。

书屋面积不大，70平方米左右，但已足够放下许多书。像生活类的手作、烘焙，运动类的瑜伽、慢跑，文学类的古籍和现当代作品，此屋都有。

据了解，书屋现有藏书2000余册，为彰显文化特色，其中还特别加入了城市规划、公园城市建设、天府文化等主题书籍，旨在进一步引导市民了解自己居住的城市，并深入了解城市发展的多元化及可持续设计理念，提升文化品位，深化对城市建设的认识。

此刻，书屋志愿者小陈正在书架前整理书籍。他平常的工作就是帮忙找找书，解答一些问题，闲时就坐下来看看书。"不知不觉一个下午就过去了。"前来看书的大多是附近居民，若想看书，走几步就过来了。

如今，在成都绿道上，像"锦书来"这样的可进入业态越来越多，让市民真正体验到绿道的可参与性。书屋附近居民的"用脚投票"，也折射出成都建设美丽宜居公园城市的新内涵——景区化、景观化，可进入、可参与，为广大市民提供多功能复合的生活、消费场景。

从"空间建造"到"场所营造"

为有效实现锦江公园生态价值转化，锦江区贯彻"以人为本"的理念，从"空间建造"到"场所营造"，以推动生活价值转化为出发点，因地制宜，将原本较为闭塞且参与性低的亭廊进行提升改造，打造了"锦书来"公共阅读空间，不仅促进了城市有机更新，更进一步满足了市民精神文化需求。

感受完"锦书来"的书香，沿河边漫步行至天仙桥滨河路，一个看上去像滨水游船驿

◎ 绿道上的锡书来

站的"锦清亭"出现在面前。从外观上，你很难一眼认出这竟是一个公厕。步入其中，墙面以水墨画装饰，走廊灯光投射出脚下的鱼影。其管理平台的屏幕上标注了附近公厕的使用情况与距离，以及厕所导航小程序的二维码。这里还设有文创展示柜和自动售货机，实现了智能厕所、购物、文创的融合。

"锦清亭"外，绿植花卉营造了层次分明、舒朗通透、律动起伏的疏林草地景观，让锦江公园与城市公共空间自然地融为一体。一旁的小区围墙上，一只只栩栩如生的"大熊猫"摆出各种姿势，特别是路口的 3D 大熊猫地绘，为行走在绿道上的居民增添了乐趣。还有河对面均隆滨河路的"懒云窝"茶馆、"罗家小院"也为这里增添了成都悠闲的味道，让居民在忙碌的生活中可以慢下来，享受健康的生活。

立足于锦江厚积千年的独特自然人文特质，锦江公园一边打造两岸绿色生态空间，一边积极与消费商圈无缝对接、与消费业态创新交互融合。色彩鲜艳的休闲凉亭、趣味十足的文创市集、古色古香的书屋、现代时尚的咖啡馆……这里生长出了丰富的新经济消费场景和高品质生活场景，也构成了全新、独特的城市风景线。

随着锦江公园示范段的推进，曾经熟悉的城区正悄然发生着变化。锦江区对其中锦江段涉及的周边11条街巷进行了整治提升，实施街巷梳理、产业升级、风貌塑造、社区治理，串联起太古里、水井坊、合江亭，将核心商圈的人气商气向东向南延伸，连点成线、连线成网、连网成片，打造公园城市体验区、夜间消费新场景、"夜游锦江"新名片。

家门口的风景

什么是"公园城市"？在中国工程院院士、成都市公园城市规划建设首席顾问专家吴志强看来，"公园城市"不应该是"公园"和"城市"的简单叠加，而应是"公""园""城""市"四个字的含义总和。

"公"代表公共性，对应公共交往的功能，但过去很多漂亮公园都被"围"在院子里，老百姓不容易进去，而公共性就是指设施要开放给大众，让百姓受益；"园"泛指各种游憩境域，对应生态系统；"城"对应人居与生活；"市"对应的则是产业经济活动。"公""园""城""市"四字代表功能配比良好、复合性高、系统性强的城市统一整体状态。

当下,很多人理解公园城市就是在城市中建设更多公园、更多绿地。在吴志强眼里,公园城市远远不止是让眼睛看到绿色,"更重要的是整个生态系统、生活系统、生产系统能够道法自然,学习自然生态的生生不息,能够充满活力与生命力,这是真正的要义所在"。按照他的理解,公园城市的未来是"家在公园"。

要实现"开窗见绿、推门见景",首先要打造家门口的风景。小游园、微绿地占地不多,却能于方寸之间"润物细无声",给城市居民最容易感知的美好体验。以水井街小游园为例,这里本是一个经常受到噪声投诉的露天停车场,4200 余名社区居民提出建议,将这里改造为小游园。于是,一个面积 3278 平方米、起伏绵延的都市绿地便诞生了。

水井街小游园"颜值"与底蕴兼具,不仅四季色彩分明,百花争艳,原本的灰砖墙也变成了一面古诗词墙,一首首与成都、与酒相关的诗词刻在墙上,仿佛凝固了老成都的岁月时光,酒文化的美和历史韵味从水井坊博物馆延伸到街巷中。

而杨树街小游园则是由一个个"小岛"绿化所组成。从小处看,每个"小岛"都各有风格,不同的色彩彰显着不同的美丽。据了解,杨树街小游园栽植的主要苗木品种为黄连木、垂丝海棠、紫薇、朴树、桂花等 11 个乔木品种,搭配红叶石楠、千层金、黄杨、女贞等灌木。从整体看,每一个"小岛"通过步道串联在一起,又形成了一个大气宽敞的小游园。

在中环锦华路口微绿地,有乔木、灌木、地被等多层次植物,亭子、步道、座椅等休闲设施散布其间,韵味十足。随风摇曳的芦苇,造型独特的时令花卉,富有蜀地特色的竹篱更是形成"前花后院"的独特园林场景。

与园林景观相距不远,中环绿道内另一处"马拉火车"的景观也十分引人注目。红色复古的火车模型,奔腾前行的骏马,黄色的小菊花,紫色的薰衣草,营造出公园城市的独特气质。原来的围墙消失了,取而代之的是随绿道不断延展的城市步行空间。

随着锦江区公园城市建设工作的推进，公园、小游园、微绿地逐渐遍布城市的各个角落，星星点点的绿色串联成线，将整个锦江变为一座巨大的"公园"。在这个大公园里，蕴藏着美好生活的无限可能。

揽锦江　如登春台

首店经济、夜间经济，锦江区构建"全域消费"新格局，诠释了消费型城市的成都表达。

首店经济能激发城市经济新活力，不仅仅是满足需求，更多的是创造需求，成为人们升级消费体验的新场所。以 IFS 和太古里为载体，锦江区培养新消费场景，着力高端要素，创新引进了众多国内外一线"首店"，丰富现代消费体验。

在锦江区，首店经济与网红经济、夜间经济、小店经济、后街经济相结合，构建消费时空全覆盖、消费链条全打通、消费模式全融合的"全域消费"新格局，诠释了消费型城市的成都表达。

首店"经济学"

纽约有第五大道，巴黎有香榭丽舍大道，东京有银座，而成都有春熙路。"熙来攘往，如登春台"，路如其名，自建成以来，春熙路就像磁石般吸引着各地的游客。

作为成都历史最悠久、氛围最浓厚的商业中心，春熙路商圈拥

发现成都之美
Discover the Beauty of Chengdu

⊙ 新型国潮主力店 KKV

　　有着得天独厚的时尚基因和国际范儿。从上海新天地、北京三里屯到成都春熙路，许多城市热门商圈之所以人气火爆，与其吸引首店潮牌的能力密不可分。首店经济是指一个区域利用特有的资源优势，吸引国内外品牌在区域内首次开设门店，如全球首店、亚洲首店、中国首店、区域首店等。

　　2019年，落户成都的首店数量达473家。其中锦江区占比最高，有126家首店落户。春熙路商圈则是吸引首店落户成都的重要生力军。以成都远洋太古里为例，2019年引进首店37家，是成都首店最为青睐的首选之地。其首选业态以零售与餐饮为主，同时引入生活与休闲娱乐，打造成都时尚休闲潮流之地。一街之隔的成都 IFS，则以提供国际化的购物体验为目标，引进了 GIVENCHY KIDS 等全球首店。

可以明显地看到，城市商圈的空间集聚效应对首店吸引力不容小觑。通过不断向外界传递出国际化潮流消费的发展方向，春熙路商圈已成为具有国际影响力的高能级商圈。

首店开业，立即能引发消费者的排队热情。所以在春熙路逛街，商场门口排成长龙的场面都已经不稀奇了。不过，首店的意义，远非只有"排长龙"这么简单。首店不仅是售卖产品，更是在推广一种全新的生活方式，即消费者的消费层级已从单一的"买东西"转变为"注重多元化的生活方式"。尼尔森中国研究总监赵亭表示："首店注重创新好玩的、高品质的、多元化的消费形式，进一步丰富了当地消费者的生活方式。"

在全球第八家西南首家的 Mercedes me 体验店，这里不卖汽车，但可以品酒、喝咖啡、吃火锅、吃川菜。Mercedes me 体验店是奔驰子品牌 Mercedes me 生态系统的衍生之作，店门外硕大的七彩"me"Logo 便是其标志。体验店紧靠大慈寺，店面 1287 平方米，分为上下两层。其定位是"集精品零售、试驾、美食为一体的生活方式体验空间"，专注于消费体验。

而超大型生活方式集合店，则是新型国潮主力店 KKV 的自身定位。2020 年 3 月，一个明黄色巨型"集装箱"出现在春熙路步行街上，和这座城市一起开启消费强势复苏的节奏。KKV 店一开业，门口很快就排起长龙。店内多元的场景、探索式的消费体验、减压的陈列、潮酷的集装箱等特色，每一点都戳中了现代年轻群体的内心需求。有网友称，这是一家现实版"解忧杂货店"。

"点亮"最美锦江

当提到"夜间经济"时你会想到什么？是路边小吃、地摊，抑或是装满小商品的汽车后备厢？如今，夜间经济的内涵已悄然"升级"，不再是低档、廉价的代名词。毕竟，现在人们追求的是生活品质和享受。

锦江区作为成都夜间经济发展的代表，高品质呈现了兰桂坊等 17 处夜间经济示范点位，"夜游锦江"再现了东门码头"门泊东吴万里船"、合江亭"花重锦官光影秀"的盛景，火热的夜间经济正释放巨大潜能。

2020 年以来，成都锦江区积极应对疫情带来的不利影响，坚持把夜间经济作为激活消费潜力的重要手段，加快恢复城市"烟火气"。截至 8 月，春熙路—盐市口商圈人流量达到 2019 年同期的九成，IFS、远洋太古里等重点商场增长势头强劲。

当前，锦江区正大力推动春熙路盐市口、交子公园、攀成钢、东村四大商圈协同发展，加快建设春熙夜市、东西市集等夜购场景，优化提升夜游锦江、兰桂坊等夜游场景，持续打造华熙 LIVE•528、锦江剧场等夜玩场景；大力发展夜市、夜宿、夜食、夜展、夜秀等夜间经济新业态新模式，营造高品质消费空间、浓厚的夜间消费氛围，努力打造更具"国际范、蜀都味"的夜经济 2.0 版，让市民游客在夜购时尚、夜娱繁华中，体验城市烟火味、锦江慢生活。

随着生活品质和消费需求的提升，锦江边的背街小巷也通过融合艺术、文创、文博、赛事等新兴消费业态，营造更具"国际范、蜀都味"的多元消费新场景。

在那些非商圈的、更加社区化的场景中，仍然蕴含着巨大的消费活力。纵观国内外，几乎每一条世界级商业街的繁荣，都不仅仅局限于主街，那些各具特色的后街，才真正划定了商圈的影响力半径。

在伦敦，以皮卡迪利广场为中心，一个蛛网形状的商业街区不断向城市更深处延伸。牛津街上的高街和奢侈品牌并不是全部，任何一条后街都构成了一个商业业态——或许是小中国城里热闹非凡的中国式卖场，或许是西区魅力四射的音乐剧剧场群。对应不同的消费群体，它们共同构成了一个活力十足的城市商业中心。

而在东京银座繁华主街背后的以"丁目"命名的街巷，深夜开张的小酒馆、小巧的买

手店、歌舞伎剧场错落分布在主街背后狭窄的商店街中,才构成了立体而完整的银座。

与超大尺度的主干道相比,拥有步行尺度的后街更适合"逛",因而也承载着自然生长的商业形态,提供了更多样的选择空间。不同类型的后街,还能为不同圈层的消费者提供圈层化的消费模式。一条条后街编织成网,也就成了这座城市的毛细血管,当地居民生活其中,而其他地方的年轻人也会被隐藏其中的新鲜小店吸引而来。

华灯初上,成都春熙路太古里人头攒动。小褚和小周是川大的学生,下午她俩结伴逛完春熙路,又一路逛到大川巷。对这条时尚感满满的艺术街区,她俩很是好奇——先是在门口的装置艺术前不停拍照,而后又在清雅的画廊和工作室里驻足欣赏艺术家们的作品。小褚不禁感叹她来读书这几年,成都的变化让人目不暇接。

在不远处的镋钯街,又是另一种烟火气。2018 年,镋钯街被英国城市生活杂志《TIMEOUT》列入全球最酷 50 条城市街区中,排名第 19 位。《TIMEOUT》对镋钯街的评价是:"旧街区和新业态并行不悖,镋钯街及其周边的小街完美地体现了成都现代和传统的交融,及以饮食为主的休闲文化,而这种文化最近又将成都推向了聚光灯下。作为太古里的延伸经济带,它满足了人们对于不那么商业化氛围的饥渴与好奇。"

在镋钯街,各色美食店铺,各色小酒吧、饮品店一家挨着一家,各种调性、各种装修风格、各种口味,任你偏好什么口味,都可以得到满足。晚上来到镋钯街,你会看到,店铺里的灯光斑斓依旧,网红火锅店门前依然有吃客闲坐排队等待叫号,街边小店依旧冒着热气,各种美食的香味从四面飘出,即使在深夜,也令人毫无倦意。

原载《天府文化》2020 年第 10 期

东安，成都新面孔
先生态后建设，塑造湖城共生新中心

● 文 / 侯雯雯

● 龙 泉

> 作为英国新城城市设计理论总结的《市镇设计》一书，是由第一代英国新城哈洛（Harlow）的设计人 F. 吉伯德所著。他把城市设计作为一个三维空间的体形环境设计来考虑，把城市自然与人工环境看作设计的素材，把素材与外观、素材与空间、素材与运动、素材与时间的关系做了全面分析，从而阐明如何把城市的各种要素组成适合于人们工作和生活的环境。

F. 吉伯德总结了世界各大城市的建设，特别是英国新城经验，把城市设计理论提升到一个新的高度。而美国最具影响力的城市规划评论家威廉·H. 怀特则认为，在城市高速发展阶段，跳出城市既有空间结构去谋求发展，往往比围绕单中心、呈环形向外蔓延更有利，并会在经济、社会、环境方面取得更好的效果。进入 21 世纪后，我国解决大城市发展问题的有效途径是建设新城，在打破原有发展桎梏的同时，制造新的城市传奇。

而成都东安新城不仅是一个打破原有发展桎梏的传奇，更是一个因 2021 年第 31 届世界大学生夏季运动会（以下简称"大运会"）的到来而崛起的传奇。根据规划，东安新城作为成都东进的新支点，总占地面积 7.9 平方公里，是城市核心功能的承载地及公园城市的引领区，同时作为大运会开、闭幕式和主要赛事的举办地，它将是成都与世界面对面交流的一个重要窗口。另外，东安新城作为成都东进路上的门户担当，是连接成都东部新城"四城一园"与中心城区的关键节点。成都"东进"和大运会，这一前所未有的双重机遇，

◎龙泉东安湖效果图

供图 龙泉驿区委宣传部

为新城插上了腾飞的双翼。

世界级城市的规划、资源,加上世界级赛事的机遇,让东安新城成为东进路上的备受瞩目的桥头堡。重任之下,这座新城将如何崛起?

2020年初,中央财经委员会第六次会议明确提出,推动成渝地区双城经济圈建设。成渝一体化上升为国家战略,成都向东,重庆向西,相向发展,支撑起中国经济的第四极。在此双重加持下,"东进"有了质的飞跃:翻越龙泉山,使成都从"两山夹一城"变为"一山连两翼",在突破城市边界的同时,构建起全新的城市集群和新的经济增长极,打开面向未来的永续发展新空间,实现城市格局的千年之变。从区位地理来看,东安新城位于成都正东,地处城市东西轴线东段,这条轴线,既有着成都"第二条天府大道"之称,也是成渝地区双城经济圈城市发展的重要轴线,而这条新轴线,又连接着成都中心城区和东部新城。2020年7月,成都东西城市轴线(东段)工程在成都经开区(龙泉驿区)举行了开工仪式。现场信息显示,东段工程分为三段,包括东安新城段、东部新城段和龙泉山隧道段,西接成渝高速路,东连简阳并延伸至资阳,全线59.1公里。其中,作为大运会的重大保障性工程,东西城市轴线东安新城段将与大运会主场馆同步建设和投用。这也意味着,沿中轴线而生的东安新城,将率先分享这条城市新轴线带来的机会,潜力之大,令人期待。

2020年7月31日,成都经开区(龙泉驿区)区委十一届十一次全会举行。会议提出,走好"东进路",建好"桥头堡",深层次变革规划理念、营城逻辑、产业体系、治理格局,全方位提升区域经济引领力、产业支撑力、要素聚集力、生活吸引力,加快建设"先进汽车智造区、美好生活品质城"。要构建多元共兴产业体系,着力壮大"桥头堡"的经济支撑;要打造美丽宜居公园城市,着力"桥头堡"的功能品质;要重塑区域发展比较优势,着力汇聚"桥头堡"的持续动能;要坚持以民为本的价值取向,着力增强"桥头堡"的幸福指数。

负责"操盘"新城的成都经开区(龙泉驿区)相关负责人表示:"将以东安湖为核心构建新城。一方面,依托良好的生态本底、区位优势和办赛营城重大机遇,高标准打造东安新城,另一方面会借新城契机,全面提升城市功能品质,实现近谋赛事举办,远谋城市发展。"

成都"东进"和大运会，这一前所未有的双重机遇，为东安新城插上腾飞的双翼。一方面，依托良好的生态本底、区位优势和办赛营城重大机遇，高标准打造东安新城；另一方面借新城契机，全面提升城市功能品质，实现近谋赛事举办，远谋城市发展。成都东安新城不仅打破了原有的发展桎梏，更是缔造了一个因大运会到来而崛起的传奇。

东安的生活吸引力

东安新城依托东安湖生态本底，以湖为心、绿道串联，构建"一湖映一阁，四园十二景"的景观，将东安湖片区打造成为"可感知、可欣赏、可参与、可消费"的生态公园，完美呈现山城相依，湖城共生的城市形态，展现蜀地山水人城和谐呼应的秀美画卷。

人们说，有了成都"东进"与大运会双重机遇的加持，东安新城似乎没有理由不崛起，关键在于怎么建。成都经开区（龙泉驿区）相关负责人说，要用片区综合开发的理念来推动新城建设，达到"办赛事就是办城市"的效果。

东安新城位于锦城绿道以东、东西城市轴线以南，地铁2号线以北区域，规划研究范围约148平方公里，城市设计核心区范围东至双龙路、南至桃都大道、西至车城大道、北至成渝高速，面积约7.9平方公里。东安新城距双流国际机场28公里、天府国际机场35公里、天府广场19公里，距大运村（成都大学）最近距离为12公里。

据目前公布的东安新城规划图显示，东安新城环东安湖而建，东安阁、CAZ片区、木棉花酒店、媒体中心和图书馆等重要项目临湖而建、环湖而聚，稍远处，才是其他用途的土地规划。以东安湖为核心，东安新城环湖而聚，布局"一湖三岸"城市功能，北岸集聚国际文体中心、国际社区等功能，西岸集聚科创研发、文化博览等功能，南岸布局国际商务中心，集聚商务商业、总部经济等功能。

近两年，城市学界对我国的城镇化进程进行了许多总结性思考，认为新一轮城市建设

必须坚持多功能的混合开发，在一个适宜的空间尺度内（一般是1~3平方公里）提供居住、就业、公共空间等，满足一个家庭多样化的工作、生活和服务需求。简而言之，新城建设应该采取片区综合开发。

在用地布局上，东安新城将践行美丽宜居公园城市、小街区理念，构建多元复合用地布局，公园、生态绿地及水体共占其总面积的56%；开发建设区域道路网密度达10+公里/平方公里；建设用地总规模达5.8平方公里，规划划分为80多个建设地块。围绕中心地标向东安湖开发强度呈梯度递减，围绕地标形成高强度开发区域，沿湖形成低密度开发，平均容积率3.2，将塑造疏密有致、层次分明的城市空间形态。

东安新城的规划秉承"先生态后建设"理念，塑造湖城共生的新中心。依托东安湖的生态本底，打造一个5000余亩的湿地公园，包含生态运动休闲区、生态湖滨活力区以及生态湿地游赏区。同时，以湖为心、绿道串联，构建"一湖映一阁，四园十二景"的景观，把东安湖片区打造成为"可感知、可欣赏、可参与、可消费"的生态公园。完美呈现山城相依，湖城共生的城市形态，展现蜀地山水人城和谐呼应秀美画卷。

相关负责人介绍，强调生态营城，即要将东安湖打造成为山水林田湖生命共同体生态修复示范工程。一方面，东安湖可成为区域农业灌溉的有力保障，为生态绿心内2.24万亩农田提供必要灌溉用水，缓解区域灌溉压力。另一方面，湿地公园可成为联系青龙湖湿地和四川省重要候鸟迁徙廊道——龙泉山——的生命通道。通过在湖区内构建无人岛等举措形成鸟类招引栖息地和生态涵养植被群落，保障候鸟迁徙，提升生物多样性，实现区域生态修复。

理水掇山，重估山水艺术美学

像许多新兴城市一样，东安新城也有一个背景故事，为新城注入了来自历史深处的共鸣。2017 年 8 月 28 日，当地人在大面街道洪河村 14 组（现东安湖畔）发现一组古代墓葬，后经成都市考古队发掘，共清理出墓葬 14 座。结合出土文字资料，考古人员得知，这是一组南宋初年的高氏家族墓葬。令人意外的是，这 14 组墓葬中有一座北宋画家高克明的墓葬，其他墓葬包括高克明之子高及民和其夫人靳氏合葬墓、高克明之孙高良弼和其两位夫人合葬墓等，出土了大量的陶器、瓷器、铜器、漆器，以及墓志、墓碣等石券，由此揭开一段皇家画院杰出画家与成都经开区（龙泉驿区）的传奇故事。

现藏于纽约大都会艺术博物馆的《溪山雪意图》卷首就有"高克明"名款。后来陆续有艺术史学者指出，这幅画卷的风格以及笔墨更像南宋画院的艺术风格。据美国杰出的中国艺术史学者班宗华（Richard Barnhart）考证认为，此图或为南宋刘松年根据高克明在北宋宫殿所画的一铺壁画画就，画作中构建出错落的空间，邀请观画者在想象中和漫游于画中的高士共享山水之妙。而另一位美国杰出的中国艺术史学者高居翰（James Cahill）在自己的《图说中国绘画史》里也曾提到这幅图，可以让人"在想象中，进入沿河而行的旅程。我们经过隐士的草堂、艇中的渔夫、竹林、挺拔的松林。接近卷尾的一段最富有诗意：一位孤寂的渔人正通过树林，沿着河岸，向家的路上跋涉着。他身上亮起一点颜色，有效地衬托出冬日的灰暗。气氛透视法在这里使用得很好。薄雾掩绕着近处的树，模糊了更远的林。一条退径在视觉上合理地沿着陆地迤逦而去，在渔人身后展开一片深远的空间"。

可以说，传为高克明所画的这幅《溪山雪意图》，真正诠释了中国山水画的"可行、可望、可居、可游"。山水画在中国画研究中占有首席位置，以其高度的艺术性和深厚的人文意义，持续影响着人们的审美感知。中国"山水画"有着不同于西方"风景画"的美学特质和价值取向，正是对这种独特美学价值的重估，才有了东安新城"湖城共生"的理念。

具体在东安湖片区的设计上，融入蜀川园林"幽秀清旷，飘逸自然"特色，以"理水、掇山"造园手法精细化雕琢东安湖生态公园，塑造蜀风雅韵的园林湖城。其中，东安湖是点睛之笔，水域面积将达到1634亩。在建设现场，2000多名施工和管理人员、200余台机械正在忙碌。中国五冶东安湖项目一项目部经理仲奎旭介绍，东安湖湿地公园已经完成湖区开挖、山坡塑形，形成了山环水抱的山水格局，正在进行大范围的乔木栽植及配套建筑的施工，确保"东安湖湿地公园2021年3月完美呈现"。

走进东安湖，靠近东安湖片区主体育场一侧，已经完成蓄水的东安湖桃花岛示范区水波荡漾，不远处的主体育场与周边的绿树鲜花相映成趣，令人心旷神怡。作为一座大型"人工湖"，核心是要保障水体水质达标，否则就是一个碧绿色的死水潭。水质优劣事关项目成败，于是东安湖引进了"食藻虫引导水下修复"和栽种四季常绿矮型苦草两项核心专利技术，针对溶解氧、污染物、水底透明度三大主要影响水质景观的问题，打出"控、改、构、提、增、维"组合拳，持续提升水质，确保实现水体透明度大于 2.5 米、水质优于地表三类水标准的目标。

据了解，东安湖片区分为水库工程和生态修复工程两部分，占地共约 5061 亩，分为生态体验区、城市活力区和运动休闲区。

其中，生态体验区位于公园西部，是整个公园的生态核心，在发挥生态效益的同时，也能给市民带来丰富的生态休闲和生态体验。城市活力区位于公园的中部，北临体育场馆群，南接 CAZ 核心区，以大湖面、滨水草坪、商业开放广场、桃花堤为依托，通过打造公园化的生态基底，结合周边的酒店、剧院、图书馆等公共建筑，塑造山环水抱的城市生态湖滨活力片区。运动休闲区位于公园东部，突出运动主题，设置有水上运动中心、运动草坪、多种户外运动场等。

东安湖片区设计建设突出"景观化、景区化、可进入、可参与"的理念，着眼"尊重自然、顺应自然、保护自然、因地制宜、科学合理"的生态建设目标，以古驿文化为主线，串联林盘文化、桃花文化、竹文化等元素，着力打造"一湖映一阁，东安十二景"的开放型城市生态公园。

打造公园城市自然会客厅

在已经公布的规划图上，东安湖片区整体设计以水系串联，组成湖、河、溪、湾、池、渠、瀑、泉、井、岛，形成动静有序的十大水系形态。地势最高处为主峰，点缀两大次峰、四大配峰，聚合为借水造山的山形骨架。以"一湖映一阁，四园十二景"为设计纲领。一阁为东安阁，

⊙ 从丹景台远眺三岔湖

四园则是根据四季景致变换打造的槭树杜鹃园、竹径茶园、秋色植物园、梅园。荟萃东阁望川、神鸟迎宾、龙泉澄泓、桃李书房、锦城花重、竹径茶语、溪峰河晏、转龙戏沙、湖山晚舟、梅坡溪径、驿台荷风、秋林蒲影，极具川蜀文化特色的十二景。

· 第一景　东阁望川"东安阁"

东阁望川由东安阁、东安阁酒店两大部分组成。东安阁建筑风格为造型丰富的唐宋建筑，萃取巴蜀文化符号，以砖雕、木雕、脊饰品等进行装饰，阁楼内部以展览、会务、休闲观景等功能为主。

东安阁酒店为小体量园林式布局，与东安阁形成东西、南北两条轴线关系。新中式建筑风格，为世界游客提供旅居、康养、会议等高端度假体验。东安阁的唐宋建筑，融合东安阁酒店的低调形态，未来将是东安湖湿地公园面向世界展示巴蜀风韵的形象窗口。

· 第二景　桃李龙泉"桃花堤"

桃李龙泉以龙泉驿的桃花文化为底蕴，长堤连接南北两岸。桃花植于两侧，形成跨湖林带。岛上的桃李书屋，在桃花盛开时，可以慢享茶艺，阅读畅谈，将成都慢生活发挥得淋漓尽致。小荷尖尖覆土建筑，也不失为一大

亮点，主园路可直达覆土观景屋顶，观览东安湖湿地公园美景。未来将是文创市集、亲子国学讲堂等文创活动的精彩目的地。

· 第三景　书房澄泓"书房苑"

该景点位于未来东安湖片区腹地组团，水幕音乐喷泉、湖面、草坪空间等与书房文化、图书馆（成都大运会媒体中心）、文化艺术中心有机融合，展现自然与人文的交融，传承与发展成都书房历史文化，代言公园城市会客厅。

· 第四景　锦城花重"子规园"

以槭树、杜鹃等植物为特色，结合子规别院建筑组团，与东安湖体育公园、木棉花酒店形成联动，共同打造独具成都特色的景观空间。

子规别院选址于半山腰台地，建筑以院落式分布于主园路两侧。建筑功能结合室外杜鹃精品种植区，设置室内展馆及花艺体验区、茶室、素斋馆等。西侧为传统生活体验区，可举办茶会、棋赛、文化对谈等生活雅集小聚。

· 第五景　梅坡溪桥"东安桥"

取意于高克明的《溪山雪意图》意境，以东安桥、湖面、梅花、覆土画廊等为特色，层次分明、景物交融，宛如一幅山水画卷。

◉ 龙泉舞龙

东安桥两侧为人行道与观景平台的结合，为游人的观景远眺，提供广阔的视点与高度。

· 第六景　神鸟迎宾"迎宾台"

迎宾台毗邻大运会主场馆，打造城市观景台，与东安阁和城市会客厅隔湖相望，为广场的观景平台，提供观赏东安湖和水秀的绝佳视野。

◎ 洛带古镇

- 第七景　帆影竞渡"竞舟渡"

景点临近大运会场馆，设置水上运动中心，提供器械租赁、咖啡厅等功能。运动中心为水上游线的起始点，同时也作为皮划艇、小帆船等趣味水上运动的举办场地。未来，同步华润文体平台赛事、演绎资源，打造东安新城的赛事、艺术、演艺活力场。

- 第八景　驿台荷风"荷花湾"

以荷花为特色铺陈，辅以展现古驿文化的平台、驿站等休憩停留设施，城湖交融，打造无边界公园城市休憩地。夏季沿着曲桥漫步，欣赏荷花盛景，悠然自得，乐在其中。

- 第九景　活力西江"西江湾"

在西江湾，极力保留弯曲自然的西江河形态和两旁的生态自然林带。通过地形与园路的有机结合，串联东西两侧场地。以西江河生态修复为基底，满足全龄段运动休闲需求。

- 第十景　东安竹语"竹里馆"

竹里馆为展现成都林盘文化特色，将竹林、茶田、建筑，凝练为竹境特色的林盘文化之地。半岛中竹林茂盛，茶田依势而生，建筑散落其中，为未来居住者提供茶文化体验、餐饮休闲的仙境场所。

·第十一景 溪峰河宴"溪峰岛"

整个岛屿围绕观景环廊打造秋色叶植物园,观景环廊位于东安湖湿地公园制高点,具有鸟类科普、赏景等功能。东侧的林泉幽居为典型的林盘风貌,可满足学术会议、文化休闲所需。高架栈桥连接数个岛屿直至南岸商业街,能同时满足通行与观景需求。

建筑以客家围屋为设计原型,采用环形布局。平台、屋顶360°观景,拥揽约5000亩东安湖湿地公园景观资源。作为未来集鸟类科普展览、观景平台,将吸引八方游客,近赏天然野趣。

·第十二景 丽日戏沙"银沙滩"

该景点以沙滩、儿童游乐场地为核心亮点,为小朋友提供亲水戏沙、亲子游乐等活动。西南侧为市民中心,东侧的柳荫市集以精品商业街模式,打造特色互动街区。

东安湖湿地公园,除了东安十二景的精致巧妙,对于生态保护及基础建设方面的考量更值得一提。东安湖湿地公园在蓄水、排污、水生态净化等方面下足功夫,推动生态价值的创造性转化,促进园内环境的可持续发展。

未来,东安湖片区将集山水之湖、无界之湖、休闲之湖、运动之湖、人文之湖为一体,以环境保护为考量,创造公园的可持续性发展,打造亲水型城市会客厅。

原载《天府文化》2020年第9期

一个河谷的再造实践

● 文 / 侯雯雯

● 彭 州

曾孕育古蜀文明的彭州湔江河谷正转型成为体现新发展理念的现代滨水空间。在这里，你可徜徉山水，也可静观四时，俯仰皆是画境。

在这个地球上，几乎所有伟大的文明都曾孕育于河谷：无论是在底格里斯河和幼发拉底河之间发展起来的美索不达米亚文明，还是从尼罗河两岸的谷地平原发展出的古埃及文明，又或者距离我们更近的古代印度文明，以及更为我们所熟知的古代中国文明，最早都是出现在大河流域。从农业的角度，河谷为土壤灌溉提供稳定的水源；从商业层面上，河谷是水上交通枢纽和人们交往的纽带——河谷附近的聚落或城邦渐渐形成城市，而这些城市渐渐发展成为商业或金融中心。如是，河谷不仅对早期文明的形成起到重要的作用，而且是这些文明得以存在和发展不可或缺的必要因素。

位于今日成都西北 35 公里的湔江河谷，就是古蜀文明的重要发源地之一。

沧海桑田，远古的生命早已化为尘埃，但有心之人依然可以从今日的水草丰茂中辨析先民的踪迹。三千年如一日，湔江的水流淌不止，滋润沃土，灌溉良田，形塑着地理和人文，写就生生不息的繁荣。

围绕新发展理念，彭州市提出了"建设体现新发展理念的立体山水公园城市"的发展目标，而湔江河谷无疑是彭州市山地生态旅游的一张亮丽名片。

湔江河谷地处龙门山湔江河谷生态旅游区，距离彭州城区约 10 公里。

龙门山湔江河谷生态旅游区是成都市 66 个产业功能区之一，规划面积 557.5 平方公里，涵盖彭州北部山区 6 个镇，处于"三（星堆）九（寨沟）大（熊猫）"核心旅游资源的重要节点上。早在 2018 年，彭州市就广发"英雄令"，重金悬赏，在全球征集湔江河谷生态旅游区总体设计概念方案。通过全球招标，最终胜出的法国岱禾公司为湔江河谷画定了"一区多园、七星耀江"的总体布局蓝图。在概念方案的基础上，彭州深入编制城市设计，而今中期成果初现，曾经孕育古蜀文明的湔江河谷转型成为体现新发展理念的现代滨水空间，徐徐铺展开立体山水画卷。

湔江水系孕育了灿烂的古蜀文明

"湔"，从水，前声，音同"煎"，由"氵"和"前"组成。《说文解字》里，"湔"的注释是："水。出蜀郡绵虒玉垒山，东南入江。"这一点和《汉书·地理志》记载相符："绵虒，玉垒山，湔水所出，东南至江阳入江。"意即位于今天汶川县绵虒镇附近的玉垒山是湔水的发源地，湔水向东南流入长江。

时间进入到现代，地理水文勘探结果显示，沱江上游三大支流之一的湔江发源于海拔 4020 米的彭州龙门山银厂沟红龙池，纵贯彭州。

龙门山脉是成都平原的西缘山脉，与东缘山脉龙泉山遥遥相对，既包括狭义龙门山（古称"湔山"），亦包括茶坪、九峰、玉垒等山，是具有五千年文明史的天下名山。龙门山脉飞来峰群、冰川溶洞、原始森林等自然资源丰富，动植物种类繁多。传说，中华民族最早的一

◎ 桂花龙窑

供图 龙门山
湔江河谷生态
旅游区管委会

位治水英雄大禹便诞生在龙门山，山名就是为了纪念大禹"凿龙门，铸九鼎，治水患"的伟大功绩。

湔江水系孕育了灿烂的古蜀文明。《华阳国志·蜀志》中记载："鱼凫网田于湔山，忽得仙道，蜀人思之，为立祠，后有王曰杜宇，教民务农。"非常清楚地说明，湔江河谷是古代蜀国"立业建都"之地。自从蚕丛王带领族人通过险峻的松茂古道，从茂汶盆地来到湔江河谷，柏灌、鱼凫、杜宇、开明王朝，都先后在湔江河谷建都立业或开拓繁衍。直到后来，为了建立新的都城，古蜀先民们才沿着湔江走出河谷，经湔江支流马牧河、鸭子河，来到了广阔无垠的川西平原，定都在现今广汉市的三星堆一带，建立起了强大的"三星堆王国"。

从这个意义上，我们大可以把湔江水系称为古蜀"母亲河"。从西汉文翁治水，"湔水九分"构建的彭州阡陌水系滋润着独特的河谷文化。孕育在群山中的湔江河谷是今日彭州山地旅游核心区，河谷最宽处达 2 公里，这种"高地河谷"在成都乃至全国都十分罕见。

今天的湔江河谷主要包括丹景山、通济、龙门山、白鹿等诸镇，外围协调区域还包括桂花和葛仙山等镇。2019 年 12 月 3 日，彭州市人民政府、龙门山湔江河谷生态旅游区管委会与中国交建西南区域总部及中交西南投资发展有限公司共同签署了战略合作框架协议。根据协议，双方拟重点推进彭州湔江流域治理和综合开发运营项目，在湔江流域综合治理、特色小镇综合开发运营、湔江河谷产业投资运营方面深化合作，项目拟投资规模约 700 亿元。

如此大手笔的投入，足见彭州将"龙门山湔江河谷生态旅游功能区"打造为国际山地旅游休闲度假目的地的雄心。

转型再造，打造国际山地旅游休闲度假目的地

坐落在今天丹景山镇湔江河畔的湔江堰，是西汉景帝末年蜀郡太守文翁兴修的一个伟大工程，也是彭州秦汉以来第一大水利工程。《蜀中广记》记载"汉文翁为守，穿湔江水堰流以灌平陆"，他亲自指挥疏浚山内的九条河流，使之顺畅汇入湔江；在关口下游，开通九条河，把湔江之水分流到下游各州县，并在平坝建立了自流灌溉水系。如是，"湔水九分"构建的阡陌水系，至今滋润着彭州大地，丹景山麓文翁祠、白鹿镇上思文场，都记录着彭州人民对于文翁治水的感念之情。

如果说"湔水九分"体现出古人在面对自然环境时的主观能动性，那今天的彭州人对于河谷的再造，高起点、高标准编制龙门山湔江河谷生态旅游功能区规划，

引领旅游产业快速发展，本质上和文翁治水的精神一脉相承。

河谷的转型再造对标先发地区，找准自身定位，邀请国内外知名设计单位编制了《湔江河谷旅游功能区概念规划》《龙门山湔江河谷生态旅游区总体规划》《龙门山湔江河谷生态旅游区产业规划》等相关规划。其中，《湔江河谷旅游功能区概念规划》确定了"湔江七星谷"的主题，以湔江河谷沿线村镇共形成 7 个极点——天台村：停云之谷；龙门山：清幽之谷；白鹿：天籁之谷；小鱼洞：耕渔之谷；通济：津通之谷；新兴：贤哲之谷；丹景山：净香之谷。通过光线亮度的调节，这 7 个极点将在夜空中呈"七星耀江"之势。串联"七星"的既有轨道交通系统，也有空间层级上不同的步道系统——包括河滩步道·水之境、半山步道·云之境、山脊步道·空之境，充分利用高山河谷的独特地貌，整体构建"一谷两麓、三级体验"的空间体系。

《龙门山湔江河谷生态旅游区总体规划》确立了打造国际山地旅游休闲度假目的地的发展目标；建立了以文化旅游、生态旅游为两大主导产业，体育旅游、健康旅游为两大配套及关联产业的产业生态体系；形成"一核两极引领，两带一环串联，四大分区支撑"的空间结构，把现代旅游、产业生态圈的发展理念、刚性约束融入规划中，确保功能区实现集约、绿色发展。

以白鹿音乐小镇为例，其核心区域 3.51 平方公里，山清水秀的环境、宜人的气候、浪漫的气息，吸引了大量游客和艺术家进入，年游客超过 200 万人次，是国家 AAAA 级旅游景区，也是成都市重点支持打造的音乐特色小镇，重点支持发展音乐创作、音乐演艺、艺术培训、艺术赛事、艺术游学、文化博览等泛音乐产业，以及音乐+旅游复合产业，可投资建设艺术家创作基地、艺术度假基地、艺术培训游学基地，以及泛音乐相关产业项目。目前，白鹿镇已创立了白鹿音乐榜、白鹿星工厂和中外青少年夏令营基地等品牌，还建有玫瑰音乐广场，正在建设白鹿钻石音乐厅。

在湔江河谷，如白鹿音乐小镇一样的产业小园区还有 5 个，包括龙门山森林康养小镇、海窝子川剧文博小镇、葛仙山运动休闲小镇、九陇湖山水公园、龙门山·柒

◎宝山旅游度假区

供图 龙门山湔江河谷生态旅游区管委会

村民宿产业园。如是，按照"一区多园"、错位协同的发展思路，湔江河谷生态旅游区被划分为民宿、音乐、森林康养、花卉艺术、川剧文博、运动休闲6个小园区。计划到2022年，初步形成以龙头企业为引领，产业链上下游配套企业集聚集群发展格局。

民宿集群点亮湔江河谷

尽管"民宿"是个很年轻的词，但它如今包含的内容和意义却越来越丰富。今天，民宿的经营方式也变得多样化了，有生态民宿、假日民宿、乡村民宿、主题民宿……越来越多的民宿给了许多喜欢亲近自然的人们更多的选择。可以说，在湔江河谷，一家民宿就是一种情怀。

2018年6月，彭州市召开了首届龙门山民宿发展论坛，按照"以民宿点亮乡村，用艺术对话世界"的民宿集群发展构想，彭州由此拉开了发展民宿特色产业的序幕。

莫干山，因为其"民宿奇迹"而享誉国际，曾被《纽约时报》评为"2012年最值得去的45个地方"之一。通过深入的考察学习和研究，彭州制定了对标莫干山民宿发展经验，加快推进"龙门山·柒村"民宿产业园建设，力争5年建成100家民宿，形成"东有莫干山，西有龙门山"发展格局的奋斗目标，以郁郁葱葱的龙门山为底色，把民宿产业放到经济社会发展全局中谋划和推进，积极探索以民宿发展助推全域旅游。

目前，彭州市已经成功举办了两届"龙门山民宿发展峰会"，发布了《关于乡村民宿发展的指导意见》，成立了民宿产业发展领导小组，建立民宿产业发展推进机制，出台民宿产业发展扶持政策，组建了民宿产业协会和龙门山民宿学院。

2020年夏天，四川省文化和旅游厅公布了全省100个"2020年省级乡村旅游重点村"名单，以及参加"第二批全国乡村旅游重点村遴选推荐"的31个村名单。其中，位于龙门山湔江河谷生态旅游区的桂花镇蟠龙村榜上有名，入选了省级乡村旅游重点村，并被推荐参加全国乡村旅游重点村遴选。

作为"龙门山·柒村"精品民宿产业园核心区域,蟠龙村以项目总规为指导,以"文创聚落"为定位,大力发展乡村民宿产业,以发展壮大集体经济组织为抓手,以基层社治为保障,探索产业与社区治理相结合的"蟠龙道路"。这个位于湔江河谷地带的小村庄,山水环抱、绿树成荫,文旅资源丰富,森林覆盖率达75%。闹中取静的蟠龙村,安放着最真实的人间烟火,承载着每个人对于田园生活的憧憬。到过的人都说,这里的每一片砖瓦,都是耐读的书卷;这里的每一幢廊檐,都有入画的诗意——河谷小村清秀而不张扬,宁静而不沉寂。"民宿点亮乡村"的白色大字在烟雨廊棚和屋影间浮动,不事张扬地标示出龙门山民宿学院。随着乡村振兴战略的深入推进,彭州积极发展龙门山民宿产业,湔江河谷吸引了一大批精品民宿项目相继落子,落户蟠龙村的"无所事事"和"蟠龙小院"便是其中的代表地。

"纵有一万种形色生活,而我只想和你一起无所事事"——民宿"无所事事"缘起于一对交情长达20年的闺蜜,当她们各自为人妻为人母,意识到带孩子体验乡村趣味和亲近自然的重要性。她们在"无所事事"圈出1100平方米的草坪,可围炉烧烤、野餐;她们在"无所事事"复制了自家孩子在苏梅岛图书馆酒店里一见倾心的红色泳池,包括100平方米的泳池和20平方米的泡池;她们在"无所事事"设置了宽敞的室内公共区域,容纳了超级软的沙发和100寸的大投影、一个开放式厨房和可容纳10个人的餐区、设施齐备的咖啡区、下沉式阅读区和壁炉。这里的房间只有5间,并且不单独订,适合两个家庭或者三五至交好友一起消磨一段闲暇,她们说:"我们不出售民宿服务,只提供温暖的体验。"在这里,你可以徜徉于山间的草坪和水畔,也可以与朋友"轰趴",或者买上新鲜食材享受下厨的乐趣;还可以带着漂亮的衣服去拍照,从草坪到泳池,从天井到室内,四季轮回之美皆融进照片之中,留待日后细细品味春耕、夏耘、秋收、冬藏四时里的每一个乡村图景。

和"无所事事"一样只接受包院的"蟠龙小院"系日式田园风格,包含3间客房、1间独立厨房带餐厅、1间独立阳光玻璃咖啡厅,以及超大草坪,适合家庭聚会、朋友开趴,夏日有烧烤,冬日有地暖壁炉。而在"蟠龙小院"对门,"石榴小院"也在一点一点地成形,

○ 蟠龙小院 1 号院

供图 龙门山湔江河谷生态旅游区管委会

建筑师依据内部胶囊房间的布局，外观上做了合适的开窗，尽量保持原有建筑的质朴，同时让青山、绿林染至室内，也增加了室内空间的采光。暮色降临，室内灯光投射而出，温存着村中的静夜，暖灯伴随人迹，凝聚了村民的日常和情感，激活了村落的脉搏，也点亮了新的生活理想。乡村老匠人的旧艺传承，共筑生态小院，木、石、泥、草俱是乡村田舍的原材料，传统木屋架丰富了建筑细节，吸引燕雀归来；院子里的菜园就是鲜活的生活，就地取材则是生态生活的关键秘密，这一点早已掌握在当地乡村老匠人和建筑工人手中。

在距离蟠龙村20分钟车程的鱼凫湿地，有龙门山湔江河谷生态旅游区内一个热门网红打卡地——户外泡泡酒店"野奢·心语星宿"。泡泡屋以环保再生塑料经气压释放保持膨胀而形成，采用新颖的太空舱理念设计，据说最初设计理念便是：以极少的构面，使人与环境相融。充盈的泡泡不可思议地变成了小房屋，拥有清澈的水晶质地，能赋予人透明的童话梦境，让人无限近地置身于山水间，360°观山野景色，躺在房间里就能尽享浪漫星空、满川风烟、远山如黛。"心语星宿"是目前国内最大体量的户外泡泡酒店之一，占地30亩，30个泡泡屋比邻而居，可细分为星空帐篷房、单泡泡房、双泡泡房、花园房四种房型。除了泡泡屋造型的别致外，室内还有智能化的家居：开花洒就可同步智能音响，躺在床上就可随意控制窗帘，刷牙洗脸的工夫，还可查看今日天气和湿度……真正把"野奢"做到了细处。星空下的一宿，定会让人无条件爱上河谷生活，那是苏东坡于仕途的颠沛流离中念念

◎ 野奢·心语星宿泡泡屋

不忘的"几时归去,作个闲人。对一张琴,一壶酒,一溪云"的悠然。在龙门山湔江河谷生态旅游区还有远近闻名的"西部山区第一村"——宝山村,是走集体致富之路的先进典型。2020年4月,宝山村被命名为2019年度四川省实施乡村振兴战略工作示范村。山清水秀的宝山村很早之前就开始走特色旅游的道路,有可以饱览湔江水景的河滨休憩区,有翠嶂环绕的玻璃栈道,是夏日避暑冬日泡温泉的好地方,有一大批包月避暑的农家乐。2016年前后,村上组织想做民宿的人家去浙江莫干山和云南洱海"取经",经过"头脑风暴",帮助各家各户找准自己的风格定位,聘请设计师帮助村民量身打造,进行差异化经营。

藏在绿树丛林中童话古堡般的"青青花园",可以带你一秒钟穿越到中世纪的欧洲。带尖塔形斜顶的城堡分为三栋,将餐厅、娱乐区和住宿区分开来,这样的规划设计动静分明,既保证了生活娱乐设施的配套,也照顾了安静休憩的要求。三层半21间房几乎就没有空置的时候,为村民带来了可观的年收入。挑高大面窗的客厅轩朗而华丽,精致的内饰透露着良好的品位,庭院里有连续的拱门和回廊、盛开的绣球花、结满累累果实的李子树,无一不在诠释着什么是"青青的山,花园的家"。

离"青青花园"不远处,是2020年五一才重装亮相的"半盏山房"。如果说"青青花园"浓艳如梦,走中式禅茶风的"半盏山房"则淡泊如茶,静谧、舒适、惬意。细节中无一不透露出主人对生活品质的追求,将东方人文气质与环境空间相融,开门见山、推窗见景,以梯田花海之境,融茶与器的生活之美。"半盏山房"的前身是一栋普通农家乐,做了12年之后,主理人沈光富觉得应该变一变,于是便将老宅该留的留,该改的改,打造成了现在的样子。设计师也是村上帮忙找的,一来二去,

跟沈家沟通了不知道有多久，最终呈现出一幅水墨川西的优美画卷：茶台、水景、树木、素色墙面，充满东方意蕴。

19 间房均采用简约的风格，用素色的墙面作为基底，用最简洁的软装手法，延续了一贯的轻盈感，拒绝繁复和叠加，突出的是窗外的山青水白、宁静空灵。在这里，人们可以"推半窗明月，卧一榻清风"，在这里可围庐夜话，杯中茶是宝山红茶，手中器是当地手作粗陶，"以半盏茶香，敬岁月之好"。

有人说："枯燥的酒店千篇一律，有趣的民宿独具一格。"目前，龙门山湔江河谷生态旅游区已经招引了全国排名前 50 位的民宿品牌前来投资，每家民宿差异化发展，各具特色，让人们体会到"睡在山水间，住在人情里"的不同感觉。按照科学规划、政策引导、品牌注入、基础保障等 8 个方面的实施步骤，彭州坚持改革创新，通过一年多时间的共同努力，民宿集群粗具雏形，龙门山民宿品牌影响力开始显现，截至目前已建成民宿 34 家，即将竣工 7 家，即将开工 24 家。

原载《天府文化》2020 年第 8 期

"格物"知成都

● 文/王 越　　　　　　　　　　　　　　　　　　　● 郫　都

> 浓香馥郁的郫筒酒，堪称蜀绣始祖的"郫县女红"，川菜之魂"郫县豆瓣"，"郫都三绝"无一不彰显着"天府成都"的独特魅力和"安逸郫都"的城市品质。

　　浓香馥郁的郫筒酒，堪称蜀绣始祖的"郫县女红"，不可或缺的川菜之魂"郫县豆瓣"，被誉为"郫都三绝"，无一不彰显着"天府成都"的独特魅力和"安逸郫都"的城市品质。近年来，成都市郫都区为弘扬优秀的传统文化，保护独树一帜的民间手工技艺，将"郫都三绝"打造为郫都区的城市名片、文化新标杆，增强市民的文化认同感、归宿感，构筑城市未来永续发展的文化软实力。

粉丝众多的郫筒酒

　　历史记载，500多年前，王阳明年轻时，读朱熹的书。书中说，欲做圣人，先修格物。但是怎么格物，王阳明不明白，决心先实践一番看看。他抬头一看，见一片竹林，顿时有了主意：格物，就先格这竹子吧。于是就有了这样的画面：在一片郁郁葱葱、枝叶婆娑的竹林前，一个年轻人正在苦思冥想，他全神贯注地凝视着眼前的竹子，试图从竹子中探知"至理"。

竹林之中，蕴含了怎样的哲理，恐怕没人比"竹林七贤"更懂了。他们在竹林里喝酒、纵歌，肆意酣畅，"托杯玄胜，远咏庄老"，从诗词歌赋谈到人生哲学。

"竹林七贤"都是爱酒之人，所以有人说魏晋风流是酒缸里泡出来的。刘伶不必说，山涛的酒量也有八斗，远远超过"酒仙"李白。山涛爱喝酒，也会酿酒。宋赵抃《成都古今集记》载："成都府西五十里，曰郫县，以竹筒盛美酒，曰郫筒。"郫都区郫筒街道，是一个因酒得名的地方。相传这郫筒酒，就是山涛的发明。据《郫县志》记载，山涛"晋初为郫令，常剖竹筒酿酴醵作酒，郫筒之名由是而起"。但可惜的是，郫筒酒的酿造工艺已经失传，只留下赞美郫筒酒的诗文。

公元762年七月，徐知道成都叛乱，杜甫被迫离开草堂，到梓州、阆州避难。公元764年，严武重新镇蜀，邀请杜甫重返成都。在回成都的路上，杜甫难掩喜悦之情，迫不及待地思念起成都的美食来，其中就写到了郫筒酒："鱼知丙穴由来美，酒忆郫筒不用酤……"曾在崇州当过官的陆游，也对郫筒酒念念不忘，哪怕典当了衣服也要一醉方休："未死旧游如可继，典衣犹拟醉郫筒……"

另外，唐代的杜甫、李商隐、北宋的苏东坡、南宋的范成大、清代诗人袁枚等，都曾写诗为郫筒酒"代言"，可见郫筒酒是多么的香醇迷人。面对郫筒酒，李商隐感叹："海石分棋子，郫筒当酒缸。"苏东坡则许下心愿："所恨巴山君未见，他年携手醉郫筒。"袁枚也在《随园食单》里将郫筒酒、绍兴黄酒、山西汾酒等列为十大美酒，"郫筒酒，清洌澈底，饮之如梨汁蔗浆，不知其为酒也。"袁枚是不爱饮酒的，但他还是"七饮郫筒"。

日常器物之美

郫筒酒为何有如此大的魅力？

这还是要从它独特的"包装"说起。唐人张周封所著《华阳风俗记》里详细记载了郫筒酒与成都本地竹子的关系："郫县有郫筒池，池旁有大竹，郫人剖其节，倾春酿于筒，苞以藕丝，蔽以蕉叶，信宿香达于林外，然后断之以献，俗号郫筒酒。"

竹筒用作盛酒的器具，这充满了浓郁的成都风味：蜀人伐竹，物尽其用。成都的竹子，可以用来建笮桥（竹索桥），做水车，连缀而成竹笕（导水的管子），编织为锅盖、鞋底、箱笼等器具，也可以用来盛下那令人心醉神迷的玉液琼浆。

而竹筒本身，也是一件艺术品。据范成大《吴船录》所载，郫筒即"截大竹，长二尺以下，留一节为底，刻其外为花纹。上有盖，以铁为提梁，或朱或黑，或不漆"。这便是"物以载道"的中国传统器物之美了。王阳明格物，最终得出了"不离日用常行内，直造先天未画前"的结论，这便是说，宇宙流转的大道，其实就蕴含在每个人的日常生活中。

像竹筒这样的日用器物，它们所展现出的细节，正是中国人在独有文化背景下的生活之道、价值观。有这样的价值观，才有了器物的制作方式、使用方式，及由此产生的我们的生活方式。

"生活方式"这个词来自奥地利心理学家阿尔弗雷德·阿德勒。在他认为，生活方式是人们根据某一中心目标来安排其生活的模式，并通过活动、兴趣和意见等体现出来，而这个中心目标就是人们自身可能所缺乏的、未具有的优势或其思想中固有的某种价值观。

日用器物则能继承和发扬传统，在传统观念、传统文化和现代生活方式之间架起一座桥。透过器物，我们看到了当时的生产方式、价值观念、审美情趣和思维方式，也会发现人们固有的、内心深处永远存在的精神性的东西。这恰恰是我们理解潜藏于传统中的审美情趣和深层思想本质的最好的方法。

诞生于"天府之国"的郫筒酒，有着天府文化的深厚根基，体现了"创新创造、优雅时尚"的文化内涵，传递着成都安逸、休闲的生活方式。

可以想象，一个盛满美酒、刻了花纹、身段修长、散发着天然竹香的竹筒酒杯端到面前时，酒客们的心情会有多么舒畅。酒香中伴有竹子的清香，让人解忧，让人忘俗。一千多年过去了，郫都区境内无数翠绿的竹林依旧年年摇曳，那奔涌在时光另一头的成都生活方式依然如此诱人。

神奇的蜀绣

竹林，在中国历史上，一直是独具生活品位和文化韵味的地标。从"竹林七贤"到"不可居无竹"，房前屋后，总要有那么一片竹林，才觉得生活安逸而闲适。在成都平原，连线成片的竹林是常见的风景。农田边是茂密的竹林，竹林掩映之下的一座座院落，便是川西特有的林盘。有人说，在这里，如果你看到了成片竹林，就能找到人家。

作为镌刻 4000 年川西农耕文明的"活化石"，林盘将川西坝子"风、林、水、田、院、路"六美景观绝妙展现。在地处成都平原腹心地带的郫都区，林盘像一个个绿岛分散地镶嵌在农田中，田间的道路、水渠宛如四通八达的绿网将农田和林盘有机连接，形成独有的"沃野环抱、密林簇拥、小桥流水人家"的川西大地田园景观，也为人们的生产和生活提供了适宜的居住空间、足够的生态空间、具有文化特色的公共交往空间。

竹林中，除了可以酿酒、饮酒，同时也是绣娘们穿针引线的好去处。四川省工艺美术大师鲁莉出生在安靖镇方碑村，早年间，那里家家户户的妇女都做女红。在鲁莉的儿时记忆里，农闲时节，妈妈总是和左邻右舍的阿姨相约竹林刺绣。她们把绣床摆在竹林间的空隙处，边刺绣边闲聊，竹林里往往是一片笑声。鲁莉那时负责帮妈妈递针线剪刀，搬凳子椅子，乐此不疲。

蜀绣，又名"川绣"，是中国四大名绣之一，它是在丝绸或其他织物上采用蚕丝线绣出花纹图案的中国传统工艺，主要指以四川成都为中心的川西平原一带的刺绣。郫都区安靖街道是蜀绣的发源地之一，"家家绣女、户户针工"，素有"蜀绣之乡"的称号。

关于蜀绣最早的记载见于西汉扬雄的《蜀都赋》："丽靡螭烛，若挥锦布绣，望芒兮无幅。"由此可见，当时的蜀绣应该是发展到了相当高的水平，其色彩鲜艳夺目，给人以强烈的视觉感受。到西汉末年，据《后汉书》记载，蜀地已是"女工之业，覆衣天下"。

宋代绍熙年间（1190—1194年）的《双冠图》是现存最早的蜀绣，绣料为绫质，绣有两株鸡冠花和一只雄鸡，虽历时近千年，却依然栩栩如生，展现了宋代蜀绣"画绣"的特点。宋人之绣，针线细密，其用线只一、二丝，用针如发细者为之。花草禽鸟之绣非

如此细密而不能工不能真，加之题材之自然清新，比较龙凤及汉唐流行纹样更富于生活气息。

一千多年来，蜀绣逐步形成针法严谨、片线光亮、针脚平齐、色彩明快等特点。其技法甚为独特，有 100 种以上精巧的针法绣技，如五彩缤纷的衣锦纹满绣、绣画合一的线条绣、精巧细腻的双面绣和晕针、纱针、点针、覆盖针等。

2020 年 6 月 30 日，在郫都区安靖蜀绣文化创意公园内的蜀绣创意中心，摆放着 300 余幅绣工精湛的蜀绣作品，花虫鸟兽、山水人物等元素栩栩如生。其中，鲁莉创作的《文君熊猫》格外吸引人眼球。这幅工笔风格的作品，一面是西汉文学家司马相如为卓文君弹琴的场景，一面是一对憨态可掬的熊猫在玩耍，十分神奇。

据介绍，这幅作品采用了三异绣的技法。所谓三异绣，即异形、异色、异法，在一张绣布的两面用不同的颜色不同的针法绣不同图案，所以才能把文君和熊猫同时呈现。文君的锦裙鲜艳生动，则是蜀绣独有的"衣锦纹针"的灵活运用，通过刺绣创造出真实锦缎的效果。背面的熊猫也不简单，它的技法采用了蜀绣史上具有里程碑意义的"丝毛针"技法，让熊猫的毛层次分明、细腻真实。

传承发展的新思路

为了追求逼真的效果，作品中司马相如和文君的指甲血色都具有浓淡变化，可以想见创作之费时费力。据了解，鲁莉耗时一年才完成了这幅超高难度的作品。

这样精美的工艺品，显然不会便宜，适合珍藏，无法用作家庭日常，这也是制约蜀绣走进大众视野的主要因素。在过去，成都人的日常生活中随处可见蜀绣的影子：铺盖面子、枕套、帐幔、鞋帽、戏服等，现在几乎见不到了。

如何让蜀绣回归日常生活？园区设计师陶杨给记者展示了一条名为"川剧之魂"的真

丝小方巾。方巾上印有川剧变脸、喷火等元素，采用橙蓝撞色的设计，时尚又典雅。这条方巾与蜀绣又有何关系？陶杨解释道，蜀绣的人工成本太高，对于普通消费者而言门槛也高，像这样一条方巾，如果是满绣，可能需要绣一两个月，至少要卖几千元。所以他们换了一个思路，用"印"来代替"绣"，把蜀绣文化印成图案，这样，一条方巾的售价就可以控制在100元左右，普通消费者能够接受，蜀绣文化从而得以传播。"像这条'川剧之魂'方巾，边缘的符号设计就来源于蜀绣中的'二三针'技法。"

非遗文化中的传统工艺，离不开保护传承，更离不开创新转化。这样的思路，还体现在他们与腾讯创意团队合作的"蜀绣潮衣"上。这种蜀绣夹克以印绣结合的方式控制了成本，也用互联网思维探索了蜀绣发展的新方向。

微信打开"蜀SHOW文创"小程序，便进入了DIY定制页面。这里共有五大巴蜀主题元素和多个底纹、配饰元素，用户可利用这些元素任意发挥自己的创作想象力，任意进行组合、设计。以"蜀绣娘"主题为例，图案的大部分都是印制，唯独银杏叶为手工绣制，有画龙点睛之感，充分展现了日常器物之美。

在主图案的基础上，可以选择星光、飞鸟等元素作为配饰，竹子、牡丹等蜀绣经典图案作为底纹，生成专属于自己的蜀绣潮衣，满足年轻人的个性化需求。

2019年以来，安靖街道党工委按照区委"政府引导，市场主体，商业逻辑，融合表达"的要求，围绕"创意—产—售"三个环节，打造了产品创意、生产制造、人才培育、多元销售和品牌塑造等五大公共服务平台。

蜀绣文化创意公园区设立了以蜀绣产品创意研发设计、展览展示为主的蜀绣创意中心，以蜀绣专业人才培养为主的蜀绣学院，以蜀绣生产加工为主的七彩绣坊，以蜀绣体验式销售为主的绣咖啡、绣茶坊等板块。

其中，商业逻辑十分重要。在产品创意平台，园区通过共建共享的方式寻找设计合伙人，按照销售分成的方式捆绑设计师，解决蜀绣新品研发设计匮乏问题。"我们发现，这种商业模式对年轻设计师特别有吸引力。目前，已经引进了4名独立设计师和3个设计团队。"郫都区安靖街道蜀绣产业办公室主任杨敏说。

而作为新零售的商业实体，绣茶坊也成为独具特色的蜀绣文化生活空间。这里兼具传统美学与现代简约风格，清新淡雅，蜀绣元素无处不在。茶桌上铺的是蜀绣桌布，座椅上摆着蜀绣抱枕，一旁是蜀绣屏风，连吊灯灯罩、纸巾盒都是用蜀绣制成。在这里喝茶，用周作人的话来说就是，"得半日之闲，可抵十年的尘梦"。

将蜀绣文化注入茶饮文化，安靖蜀绣之乡还孵化了全球首个"蜀绣+"创新项目——绣之茶。2020年6月10日，绣之茶首店正式开业，通过奶茶拉近消费者与蜀绣的距离，让蜀绣融入年轻人的生活方式。

据了解，通过塑造"安靖蜀绣之乡"主品牌，实现"安靖蜀绣之乡"品牌的公益化和商业化，"安靖蜀绣之乡"也将成为第二个"郫县豆瓣"。

郫县豆瓣观光之旅

谁能想到，郫县豆瓣的生产车间，竟成了网红打卡地。

企业文化展厅、阳光晒场、自动化包装车间、郫县豆瓣非物质文化遗产技艺体验基地……在四川省郫县豆瓣股份有限公司（以下简称"郫县豆瓣公司"）的安德厂区里，各生产环节与专门打造的文化展示点位一起，串成一条工业旅游线路，游客通过专门设置的参观通道，不需要烦琐的防护，就能直观感受郫县豆瓣的历史文化和生产工艺。占地约1.8万平方米的阳光晒场令人不可谓不震撼。700多口长条形的发酵池依次排开，站在专门的观景平台上，一眼望不到尽头，在这座巨大的"水晶宫"里，夏日的艳阳正透过天窗直射进来。35摄氏度的高温之下，豆瓣正快速发酵，一台台翻晒机也在发酵池里来回翻搅。

这种新设计的翻晒机，转速大约每分钟25次，一台机器可以同时翻搅2个发酵池，5分多钟就能完成一轮。与翻晒机配套，发酵池也经过精心设计，每个发酵池约1米深10米

长,让翻晒机的螺旋轴与池底保持 5 厘米的距离,可以在保证物料翻搅均匀的同时,让微生物充分混合,达到最好的发酵效果。

郫县豆瓣公司的品牌主任熊小利说,在阳光晒场内,温度、湿度、含氧量能实现实时自动监控,一键式滑动天窗能实现平移开合与强制通风,翻晒机运转的所有数据都能实时监控,可以根据入池时间进行精准调节。

来到全自动包装车间,其"科技含量"也让人惊叹。自动化的生产线上,从理瓶、洗瓶、灌装、旋盖、贴标、开箱一气呵成,装箱机器人、码垛机器人在岗位上快速运转,给人以超乎想象的工业美感。据介绍,这是郫县豆瓣公司经过两年技改取得的成果。技改完成后的厂区为郫县豆瓣搭建了一个重要的展示平台,展现了郫县豆瓣的多用与妙用,强调其丰富性和层次感。

此次技改,除了以现代设备提质增效外,传统制作工艺也得到保留,能容纳 4000 口传统酿缸的晒场成了郫县豆瓣非物质文化遗产技艺体验基地。走进这里,首先映入眼帘的就是一幅展现郫县豆瓣生产制造过程的动画"长卷"。在这块长方形的液晶屏上,可以看到古色古香的辣椒种植和豆瓣晾晒的动态画面,郫县豆瓣悠久的历史得以活化。作为郫都区最著名的特产,郫县豆瓣是川菜烹饪中必不可少的调味佳品,有"川菜之魂"的美誉,其制作技艺被列入第二批国家级非物质文化遗产名录。

相传郫县豆瓣的产生,源于一场意外。明末清初,湖广填四川,福建汀州府孝感乡翠亨村人陈逸仙在入蜀途中,赖以充饥的蚕豆遇连日阴雨,生了霉。他不忍弃之,便置于田埂晾干,然后就着鲜辣椒拌着吃,不料,竟鲜美无比,余味悠长。到达郫县(今郫都区)之后,他就以卖豆瓣为生。这应该就是郫县豆瓣最初的雏形。1688 年,陈氏后人陈家遂在郫县开设作坊,取本地的原料与清水,以此法大量生产豆瓣,渐成气候,"郫县豆瓣"因此得名。

匠人匠心

"郫县豆瓣选用青色蚕豆,制曲发霉后混合二荆条辣椒制作而成,搅缸使豆瓣更好接触空气,日晒沐浴阳光,夜露接受水汽的滋润。"在美食纪录片《风味人间》第一季中,曾这样介绍郫县豆瓣的制作过程。

在选材与工艺上,郫县豆瓣堪称是独树一帜。想要制作出一等的郫县豆瓣,在选材时,一定要用最好的二荆条辣椒和二流瓣蚕豆。蚕豆瓣子要自然发酵的,辣椒也是自然卷曲,在晾晒时土陶缸要入地五寸,这样才方便吸地气……经过自然的神奇转换,最终制成的郫县豆瓣香味醇厚却未加一点香料,色泽油润却未加任何油脂。正是要有这样精益求精的郫县豆瓣，才能做出味道正宗的麻婆豆腐。在《风味人间》中，远道而来的英国美食作家、资深川菜"厨子"扶霞·邓洛普找到了郫县豆瓣传承人张安秋大师。

有着40多年工龄的张安秋，从1978年开始就专职从事郫县豆瓣的酿制调配工作。张安秋于去年退休，又被公司返聘回来，继续带领徒弟，用自己的双手，日复一日地翻晒制作着郫县豆瓣。

对于张安秋而言，做豆瓣是一件很辛苦的事。据他介绍，传统郫县豆瓣制作的工艺实在太复杂，光是辣椒坯制作就包括选红辣椒、去把、除杂、清洗、沥干、宰碎、盐渍、发酵、淋浇、养护等十余个工序。而传统古法做豆瓣还要严格遵守"晴天晒、雨天盖、白天翻、夜晚露"的维护步骤。三年特级豆瓣至少需要翻晒1095个日夜，五年以上特级豆瓣至少需要翻晒1825个日夜，一缸郫县豆瓣一天要翻晒12次。"你自己算算，一缸豆瓣要翻晒多少次？"张安秋问道。难以想象，看似平常的郫县豆瓣究竟凝聚了工匠们多少的心血，然而最终却不着痕迹地投射在食物上，化作我们平凡的一日三餐。

传承古法技艺，坚守匠人匠心。"郫县豆瓣的制作技艺坚决不能失传，如果失传，我们这一辈带徒弟的人就该'打板子'了！"这是张安秋经常挂在嘴边的一句话。

传承之外，还要创新。现在，郫县豆瓣的应用场景已经从厨房走向了餐桌，这次是形态和吃法的双重颠覆——突破现有"酱态"，还做成了粉态（豆瓣蘸粉）和液态（豆瓣蘸水、豆瓣调味油）；吃法也从基础调料变成了吃火锅、卤菜、串串的佐餐料。不过，唯一不变的是，它依然是幸福生活不可或缺的"好味道"。

原载《天府文化》2020年第8期

绿水青山变金山银山

● 文/王 越

● 蒲 江

> 创新盘活闲置资产，是引发乡村剧变的"魔法棒"。蒲江正因地制宜，建设一批文旅特色小镇。

在蒲江，原来的荒滩、林地、农房，变成了星级酒店、精品民宿、星空树屋……通过盘活闲置资源、活化利用资源，将资源放在一盘棋上统一谋划，才能实现"项目活化资源、资源承载产业、产业转化资源"的良性循环，从而让乡村重新焕发生机。

余家碥的新村民

樱桃山下，檬子河旁，沿着弯弯曲曲的石板路，走进蓊蓊郁郁的竹林。一片川西民居院落忽然显现，让人感觉仿佛走进了一个世外桃源。这便是余家碥，已有 300 多年的历史，有凿于清朝康熙年间（1662—1722 年）的古井 2 口，建于明末清初的四合院 4 个。整个村落依山傍水、林田辉映，环境清静；房屋建造多用原木、泥砖、卵石等原材料，风格质朴且亲切。

走进院落，才发现其中奥秘。这里的各家院落都是门门相通、户户相连，使整个村庄形成了一个整体。以建筑的连通体现家族的凝聚力，这是大家族的做法——余家碥现有住户共有 40 余户，都是余姓人家。

马牧阳是余家碥的"新村民"。2020 年 11 月 13 日下午，在余家碥一处老旧院落旁，他正指挥着工人清理土渣，对老建筑进行整修。作为入驻商家，马牧阳将利用这个院落开设古琴展示厅，同时也可以进行古琴培训。2021 年 3 月左右，这里就将打造完成，对外开放。

马牧阳说他制作古琴已有 4 年时间，基本在川内取材。古琴制作费时费力，售价一般是 3 万起。不过，马牧阳的古琴作坊并未设在余家碥。据介绍，这里对于商家的业态有限制，存在污染问题的工厂、作坊不能入驻。

作为蒲江县推进农商文旅融合发展的重要实践，余家碥川西林盘整治项目目前已完成涉及居民房屋风貌改善、道路美化提升、灯光夜景打造和整田理水等内容的改造提升，并配套新建了桥梁、道路、停车场以及标识标牌，让这个美丽的古村焕发了新生的活力。

据了解，项目将规划建设"花满蹊"郊野游营地、余家碥传承文化区、"拾光"农事体验区、"观槿"森林观景区、"橙黄橘绿"花果采摘体验区、"山居"康养休闲区、"渔夕"养身垂钓区，以及余家古寨等八大片区。其中，"花满蹊"郊野游营地将利用 20 亩海棠造景，打造集赏花、露营及野餐等为一体的自然景观文化区，招引房车营地、露营地等项目入驻。

在余家碥传承文化区，通过闲置宅基地的盘活利用，提供项目用地保障，进而招引文化艺术工作室、文创空间、手工体验等为发展方向的企业及创客入驻，马牧阳便是其中之一。

在余家碥，新村民积极融入，老村民也没闲着。在古色古香的余氏家族老宅，拥有大落地窗的民宿早已藏身其中，而在山坡上的二层小楼内，一个复合型空间已经呈现。一楼可以用作会议室，二楼则是一家汉服工作室。

据介绍，这家汉服工作室是由老余家免费提供场地所"孵化"的。在这里，抖音主播用小视频和直播推广汉服文化和中药香囊，已经积累了数十万粉丝。未来，待余家碥整体打造完成后，这里又将变身为汉服体验馆，让游客能穿着汉服逛余家碥。

白云乡的新模样

"以前都是荒滩、林地、农房,哪想到会变成现在这么漂亮。"原白云乡窑埂村村民王永成对眼前每天都有的新变化,既满心欢喜,又觉得不可思议。"简直就像变魔法!"

盘活闲置资源资产,便是引发乡村剧变的"魔法棒"。

2019年12月31日,按照乡镇行政区划调整改革统一部署,蒲江县原白云乡39.03平方公里及0.6万人,整体划归朝阳湖镇。资源被放在一盘棋上统一谋划,这便为朝阳湖镇盘活闲置资源、活化利用资源创造了条件。

依托得天独厚的自然生态本底,这里引进了预计投资40亿元的"云顶水乡田园综合体项目",将打造成为一个集高端康养、有机农业、文化展示、主题公园、商业街、树屋咖啡、精品民宿等为一体的高端文旅项目,预计2021年4月向市民呈现。

2020年11月13日下午,一辆旅游大巴驶入新打造的白云花街。车上是四川文化产业职业学院的学生,专门前来参观学习。一下车,他们便纷纷拿出手机,拍照留念。在这条被银杏叶铺满的街道上,处处皆是风景:有色彩艳丽的欧式建筑,也有各式精美的墙绘,必须要逐一拍照打卡。

走进一旁的云顶水乡游客服务中心,可能难以相信,这个极富设计感的建筑,其前身就是原白云乡政府。但这还不是全部,在这里,原白云小学校舍已规划实施乡村剧场改造。

创新盘活闲置资产的同时，朝阳湖镇也正在积极唤醒乡村沉睡资产。通过探索推进农村宅基地自愿有偿腾退改革，朝阳湖镇征集了有意愿腾退农户 122 户约 63.8 亩，目前已交易 12 宗约 20.6 亩宅基地和村集体闲置建设用地，有效破解了乡村产业发展用地的瓶颈问题。

与此同时，通过创新"党建+"集体经济发展模式，朝阳湖镇引导成立村集体控股公司 8 家，吸引 5000 多名村民入股土地，盘活荒地、滩涂等集体资产，建成白云村停车场、枞树滩露营基地等集体经济项目 11 个，弥补了旅游设施短板，丰富了旅游项目。

围绕构建"吃住行游购娱"旅游生态链，朝阳湖镇培育了文创体验、有机生活、滨湖度假等新场景新业态，累计盘活各类建设用地 33.5 亩，流转农用地 1000 余亩，利用水域资源 1100 余亩，租用闲置农房 39 间，每年增加农民财产性收入 140 余万元，实现农民工资性收入 60 多万元。

签下宅基地腾退协议的王永成是受益者之一。"老宅子拿出来可以有股份，我们可以搞旅游接待、改善居住环境……"说起未来的打算，王永成喜笑颜开，"你看，那片空地已经平整出来作为停车场，产生的效益都是咱们村集体的，等项目起来了，我们的日子一定会更好。"

据悉，加快推进撤并乡镇"活化工程"，蒲江县将规划建设西部生态旅游功能区，因地制宜规划建设一批文旅特色小镇，着力打造美丽宜居公园城市。而作为蒲江生态本底最优，同时也是旅游资源富集地，朝阳湖镇也成了功能区的核心区域之一。该镇正在按照产业功能区的理念加快农商文旅体融合发展，促进生态价值创造性转化，将建设成为充分彰显风貌韵味和文化特质的"山水朝阳旅游小镇"特色旅游功能区，为蒲江县创建国家生态旅游示范区夯实力量。

以特色镇和川西林盘为载体，以农商文旅体融合发展为路径，在蒲江，新晋网红打卡点不断涌现，生长出了丰富的新经济消费场景和高品质生活场景，也构成了全新、独特的乡村风景线。

茶乡新玩法

蒲江成佳茶乡，以绿茶闻名。作为南方丝绸之路上的重镇，这里自古就是种植茶叶的宝地。到了采茶的季节，十万亩茶园一片翠绿，美不胜收。不过，成佳茶乡不只有茶，还有大片的马尾松林。跟茶树一样，马尾松喜酸性土壤，便在成佳茶乡繁衍开来，蔚为壮观。

清明前后，海棠花谢幕，马尾松就开始了如约的表演。在树的顶端，粉红色的松花相继开放，星星点点，缀满枝头。如果用无人机航拍，就能记录下茶乡松花盛开时难得的景象。如果没有无人机，你可以登上同心茶园内的观景平台。如果天气晴好，向西远望，贡嘎雪山就在眼前。目之所及，尽是蓝天白云、青山绿水。俯瞰下去，就是近万亩茶田和马尾松林。茶园起伏，曲线优美。旁边高耸的马尾松林，则负责为茶树遮阴。落下的松花粉、松针，更是天然的肥料。想近距

发现成都之美
Discover the Beauty of Chengdu

离欣赏马尾松,麟凤村的树屋餐厅是个好去处。2020 年 7 月开业的树屋餐厅,就架设在半空中,在马尾松林的中央。餐厅有两层楼高,能容纳的人不多,一定要提前预订才行。

在这里,野生菌炖土鸡是必点的菜品。餐厅服务员介绍说,炖的鸡是周边农民喂的"资格"跑山鸡,菌子也都是刚采摘的新鲜野生菌。在树上用完餐,再去树下喝会儿茶,简直美得很。如果是夏天,天色暗下来,四周还有点点繁星浮动——马尾松林可是萤火虫们的乐园。

近年来,蒲江县成佳镇麟凤村立足茶产业良好本底,充分利用生态资源,通过"花开麟凤"项目的实施,探索生态场景、生活场景、消费场景等多业态融合发展新路径,集聚特色餐饮 20 余家、主题民宿 8 家、手工制茶 5 家、花卉园艺 3 家等业态,促使游客从过境游转变为过夜游。留住游客的,是这里一年四季都花团锦簇的理想生活景象。整理旧房屋、清除堆放的陈年杂物、种下大片海棠、搭起玻璃栈

⊙ "远远的阳光房"创始人宁远

供图 一筑一事

道……在镇、村的引导下，村民自发成立了旅游专业合作社，以"十万亩茶海中一座开放的花园村庄"为项目定位，统一打造节点，营造乡村美景体验，还请来知名园艺公司"海蒂的花园"为农户设计花园。

在村民们的积极配合下，各家的庭院一天一个样。慢慢地，村民还会自觉认捐、认建、认养村内公共设施或绿地，让这里一年四季都有鲜花盛开：在采茶季，郁金香、海棠盛开；到了秋末，各色绣球花依然在庭院间绽放。

在麟凤村住下，游客不会感到无聊。除了美食美景，这里还有丰富的文化旅游体验场景和生活体验活动。无论是农夫集市、露天剧场，还是茶道讲座、插花艺术体验，都是轻松有趣的"杀时间利器"。当然，这里是成佳茶乡，各类茶文化研学旅游活动不容错过。学学如何采茶、制茶、泡茶也未尝不可，毕竟，技多不压身。

越来越多游客来到麟凤村，便能让村民共享更多生态红利。这一方面是村民从民宿经营、务工、餐饮、茶事体验活动、茶叶衍生品销售等方面获得经营性收益，另一方面是村民、村集体从闲置房屋、土地、林盘等方式入股获得分红。

旅游新体验

作为"花开麟凤"的第一个核心项目，艺文中心就是由村民自发入股成立的合作社打造而成。这栋 3 层小楼面积约为 400 平方米，一楼为休闲区，二楼为书吧和多功能厅，三楼为住宿，配有全落地玻璃窗，能让游客尽享田园风景。

蒲江县麟凤村茶乡神韵合作社社员王静告诉记者，如今的艺文中心可谓是整个麟凤村的"体验中心"。游客在村里的民宿住下，便可以通过艺文中心来预约文化体验活动。在这里一楼的公共空间，可以体验制茶、品茶，也可以尝试烘焙，用成佳茶乡出品的绿茶来制作抹茶饼干。另外，还可以用这里的其他特产来做做手工，比如，将马尾松落下的松果

做出一朵松果花,插在花瓶里;或是用柑橘树的枝条做成灯饰——事实上,在艺文中心一楼,就挂着两盏这样原生态的吊灯。

11月的蒲江,柑橘树也是再熟悉不过的风景了。此时,树上的柑橘已经套上了白纸袋,远远望去就像是开出一朵朵白花。沿百家路前往朝阳湖畔的云顶水乡,一路上,漫山遍野都是正开着"花"的柑橘树,山下的朝阳湖则点缀着在此越冬的白鹭。这里生态环境之好,让人由衷赞叹。

将生态价值转化为发展动能,在朝阳湖镇,可阅读、可感知、可欣赏、可参与、可消费的网红打卡点,已现雏形。

沿着新打造的"仙阁故径",林木葱茏,鸟啭虫鸣,让人心旷神怡。在朝阳湖镇仙阁村,农村山水林园等"沉睡资源"正逐渐转化为"发展资本"。仙阁书院、鸿渐书院、霖雨学堂等相继建成;刘氏竹编、仙阁陶社、曹路宽书画艺术工作室等先后落户;枞树滩露营基地飞瀑如练,吸引众多市民来此亲近自然、融入自然。

仙阁村不仅环境优美,还有着深厚的历史文化底蕴。茶马古道穿境而过,全国重点文物保护单位飞仙阁保存完好,摩崖造像依然栩栩如生。在这里,传统文化与现代文明完美融合,成为一个集国学传承、民间工艺、生态休闲为一体的新"网红"。

而在不远处的花涧和鸣·蓝莓谷,则是另一个既高端又别致的网红打卡点。这个特色观光农业园区坐落于柑橘林和茶园环绕的山谷中,集蔬果采摘、旅游观光、餐饮住宿、养生美容、宠物亲子于一体。清澈的小溪、童话般的小木屋,共同构成了山谷间的"世外桃源",2019年被评为"新旅游·潮成都"主题旅游目的地。

依托生态本底、现代农业两大比较优势,蒲江正以全域旅游的思维,着力打造集旅游度假、健康休闲、文化创意、免税购物、研学实践等功能于一体的国家生态旅游示范区,走出了一条不以牺牲环境为代价、促进产业转型升级的绿色高质量发展之路。

原载《天府文化》2020年第12期

天府古镇，"他者"的故乡

● 文/王 越

● 青白江

> 通过重修旧日好时光，重塑原真生活，在共同记忆的牵引下，城厢也将成为开放包容的新故乡。

城厢，这座有着 1600 多年历史的四川省历史文化名镇，正以"修旧如故，活化更新"的方式焕发新生机。对于当地人而言，这里是保存着生活记忆，能够抚慰心灵的故乡，而在不少游人心中，它将成为令人向往的"诗与远方"。

古县城的新生

诗人流沙河曾这样介绍自己的家乡城厢："在过去，它是属于一个名叫金堂的县。现在那个金堂县也还在，但是县城搬走了，而把这个原来老的金堂县城划给了成都市青白江区，我的家就在老的县城里面。可能正是经历了荣华，才有现在的宠辱不惊吧。"在众多川西古镇中，城厢古镇比较突出的特色是县治格局保留较为完整。从公元 1056 年北宋在城厢设立金堂县治开始，到 1951 年金堂县政府搬迁到赵镇结束，城厢镇近 900 年来一直是金堂县治所在地。

作为曾经的县城，在护城河范围内的 0.64 平方公里内，城厢镇历史遗存丰富，还保有

"龟背"形制，状同老成都。文庙、武庙、绣川书院、县衙等古建筑保存完好，也完整保留着 4 街 32 巷的老城格局。遍布城厢各处的祠堂、庙宇、川西民居，无一不在讲述着这里曾经的繁荣。

如此厚重的历史文化基因如何保护好、传承好，古镇怎么保护、怎么建设、建成什么样，青白江区一直在思考。如今，随着成都全力推行公园城市建设、实施"三城三都"行动计划，青白江区加快打造"一港三城六个特色小镇"，城厢也在区域更新的大格局中寻找发展之机。

2019 年 6 月 28 日，成都市青白江区城厢天府文化古镇项目开工仪式在城厢镇如期举行，标志着筹备期超过五年的天府文化古镇整体保护性开发工程正式开启。项目建设期为 3 年，将于 2022 年全面呈现。

未来的城厢古镇，将涵盖"文旅商城"四大功能。该项目将以打造古镇 4.0 版本——以人为本、重塑原真生活为目标，打造国家级历史文化名镇、省级文旅特色小镇、蓉欧文化会客厅、国家 AAAA 级旅游景区、成都轻旅游度假目的地。

据悉,整个规划阶段,政企联手,集贤纳谏,邀请近30家国际国内顶级规划团队、各方设计团队参与到项目中来,谋划出城厢古镇复兴的宏伟蓝图。历史建筑、工业遗产、护城河水系、历史街巷,从修缮到微更新、从修旧如旧到绣花针功夫,历史得到原真守护;实现城厢地上资产国有化,文化深耕,6处省级文保单位、66处历史文物点得到保护与活化利用,留存了文脉;同时在这座地域形制状同缩小版成都的老县城里,城镇规划理念的植入、公园城市的塑造、市政、交通、消防专项的规划实施、原住民生活社交网络的延续,城厢镇的市政管网得以全面更新……

城厢天府文化古镇项目总经理冯向伟表示,城厢古镇的保护开发从一开始的政府主导,逐渐演变成如今的政企联手的"PPP"模式——即"专人做专事",政府搭台督导,企业发挥各自优势,一举解决土地整合、权属等历史遗留问题,同时在保护、规划、设计、

⊙ 成都国际铁路港

施工、招商、运营等方面充分借助社会专业力量，保证城厢的良性发展。这也让"城厢古镇"项目升级为"城厢天府文化原真生活古镇"项目。"增加的八个字代表着我们的希冀——留文脉、促发展、守原真，让城厢古镇成为'见人、见物、见生活'的中国古县治活态读本。"冯向伟称，城厢的建设，并没有现成的范例可以参考，在建设过程中，运营、模式、技术、管理、土地保障等诸多方面都需要实践与创新。他们想做的，就是用新的理念，做出不太一样的东西，实现新的突破。

从"修旧如旧"到"修旧如故"

来到东街，站在绣川书院门口，就像站在喧闹与安静的分界线上。外面是喧闹的市井生活，里面是沉淀千年的旧日时光。正门匾额"绣川书院"四个镏金大字，笔画细劲，棱角峻厉，为流沙河所撰写。始建于北宋的绣川书院，曾是四川省成都地区最大的书院，也是晚清川西地区最活跃的书院，现在是全省唯一保留完好的县级书院遗址。数代人在这里兴学、办学，从这里也走出了很多学者大家。据金堂县志办资料记载，绣川书院在过去的七八百年间，先后培育了辛亥革命烈士彭家珍、哲学家贺麟、诗人流沙河等。

整个建筑除局部墙壁改为砖砌外，基本保留着清代原有的结构和风貌，青瓦屋面，花格门窗。书院共四进，一二进为庭院，两侧有厢房；三进为外讲堂；四进为内讲堂。以书院为中心，东、南、西、北四周围墙外5米都属于文物保护范围。

现在，这里正进行紧张的修复工作。工人师傅分散在书院的各个角落，有条不紊地对书院内的门槛、廊柱等构造进行刮灰、打磨、上漆等工序。冯向伟说目前有大量文物古迹需要进行修缮："我们将在不破坏历史建筑风貌原始肌理的前提下，尽可能地还原其历史面貌，原则就是'修旧如故'。"相比传统意义的"修旧如旧"，"修旧如故"强调的是研究原本的状态，不光是做成旧的样子，并且更要强调一个"真"字，才符合科学性和原真性。

针对绣川书院的"修旧如故",他们要通过翻阅大量历史文献寻找依据。如它坐北朝南的格局,四进四合院的规制,花格门窗,院前栽种的松柏等,"另外还要求我们进行非常细致的测绘工作、考究其原本的建筑材料。"冯向伟说。

绣川书院在 1905 年改为县立高等小学,那时书院的东厢房被改为了较为现代的装修风格,如门窗、桌椅、墙饰等。但值得庆幸的是西厢房依旧保存完好,所以他们便根据西厢房的规制格局来重现东厢房的往日景象,并使用同样木质材料替换被岁月侵蚀的部分。

呵护保护建筑,这不仅仅关联一幢单体建筑的气质,还关联着现代化城市空间环境的活力,以及街区特色肌理所付诸的城市内涵。从"修旧如旧"到"修旧如故",最大的改变就是要在老建筑中保留过去的生活记忆,并赋予其新的功能。

对此,邱柯栋是深有感触。作为项目建设方负责人,他压力很大,他坦言:"原来只要拿着图纸施工就行了,现在为了保证运营效果的最终呈现,每个建筑的图纸都会进行多轮优化,临时调整很多。"

修旧如故,也是为了留住城厢镇的原住民,留住他们的生活方式。

项目运营方负责人方柏入称,他们不仅仅是在打造一个文旅项目,"以前很多项目的套路很简单,打造一个 IP,吸引人来,便能提高运营收益。但我们做这个项目,并不是只为了吸引游客来,而是更多地结合在地性,更多地尊重地方文化,保有并提升古镇原住民的新老交融生活场景"。

这就给项目的运营规划提出了极高的要求。方柏入表示,每一个点位都要重新设计,功能不断进行优化。比如,城厢镇内一处老厂房将改造为民宿。他要求合作方必须百分百保留原有的门窗、把手和楼梯,让旅客能更多体验到这些原汁原味的细节。除此之外,在内部空间,还要进行现代化的改造,以适应现代人的审美和生活方式。

青瓦坡顶、穿斗木构、竹编夹壁粉墙、房檐低矮的传统民居建筑,风格古朴淡雅,形式轻盈剔透,较完整地保留了城厢古镇原真市井生活的内涵。但这样的房子住起来有点难受,冬天冷夏天热,雨季还容易漏雨。根据项目规划,为了改善房屋的居住功能,屋面采

用双层瓦加木望板加防水层的做法,在弥补屋面防水性能欠缺的基础上,加强了屋面的保温隔热性能。另外,墙面也填充保温材料,花格门窗则在加厚材料的同时采用保温玻璃。通过适当增加现代材料如玻璃、钢结构等,实现城市肌理与实用功能的和谐共存。

就是那一只蟋蟀

没有本地人,就不再是原本的古镇。方柏入介绍说,他们将植入现代化经营理念,四大持续性计划打造"新厢":以 23 个文化场馆联动 20 万平方商业,点亮全域一体化城厢;以艺术新驻民与在地文化的共通共融把艺术留给人民,激活和挖掘文脉城厢;以公共参与性与大地艺术打造一座没有围墙的美术馆,共建人人共享的艺术城厢;结合多维度的"天府文化"深度研学体验,提供古镇可持续更新的内容,重构新文化的体验城厢;以'老店新生''新星行动'等活动,形成城镇更新的活态样板。舞龙舞狮,锣鼓齐鸣,作为每年的传统,民俗大巡游在城厢开启了艺术节的序幕。整支游行队伍由 300 余人组成,从城厢学校出发,前往家珍公园主舞台。

2020 年 1 月 17 日至 18 日,第 29 届"城厢之春"民俗文化艺术节在青白江区城厢镇举行。作为城厢人坚持了 29 年的迎春保留节目,如今的"城厢之春"有传统,也更加新潮,网红直播让古镇的魅力在新年里以新的方式广泛传播。

据当地居民回忆,第一届"城厢之春"是在城厢电影院举办的。那时的"城厢之春"甚至都没有一个固定的名字,只是一场大家联欢的晚会而已。节目由各个企事业单位、街道、居民自发组织,在春节前的某天举办。可以说,从最开始的"城厢之春"便是原真的、质朴的。

从第 9 届开始,"城厢之春"的节目慢慢多了起来,节目质量也渐渐高了起来。电影院的八百多个座位,已经坐不下了,过道里都站满了人。于是就把"城厢之春"的举办地换到了城厢学校,最后才落脚在家珍公园。镇上的居民王大爷曾参与演出,他说:"我会祖传的闹年锣鼓、霸王鞭,边唱边跳!"如今,"城厢之春"在青白江已成为春节不可缺少的文化活动。

提起家珍公园,有人想起"城厢之春",有人听到棋牌声,有人闻到茶香,也有人忆起了童年。在城厢出生,在城厢长大的陈锐,还记得他小时候最喜欢和小伙伴去家珍公园里玩。家珍公园好玩在哪里呢?"那里有很多果树,青柠树、柚子树、枣子树……"他如数家珍。

记忆,有时候就是这么具体,具体到几棵树上去了。流沙河也记得,从西街拐入槐树街口,望见3株大槐树,"浓荫可爱,上有栖鸦聒噪",就到老宅了。后花园还有一棵他亲手种下的女贞树。10年前流沙河曾回老宅探访,当时惊讶道:"1967年我栽的女贞子树,啼!你看,都五六层楼高了。"

流沙河还记得,那蟋蟀的叫声。他曾回忆道,"童年秋天傍晚,只要侦听出庭院有蟋蟀在叫,我便像掉了魂似的,吃晚饭无心,做夜课无心,非把这只蟋蟀捉入笼中不可。"

就是那一只蟋蟀,后来跳过了海峡,落到了余光中家的院子里。余光中给流沙河写信说:"在海外,夜间听到蟋蟀叫,就会以为那是在四川乡下听到的那一只。"无论是老树还是蟋蟀,单纯的自然之物进入了人的叙事中心,形成一个更大场域的精神感应空间,并诱发了更多的想象。

不是所有的文化都以同等热情去拥抱自然与风景的寓言。在中国人的记忆里,有太多与某座小镇、某个村落有关,并在这里层层堆积叠加,成为这个特定的空间与流动的时间叠加的痕迹。人们从中获得感知的乐趣,由此形成了丰富的文化、习俗和认知。

通过重修旧好时光,重塑原真生活,在这份共同记忆的牵引下,城厢也将成为开放包容的新故乡。

坐落于凤凰湖田园广场旁,青白江博物馆以青白江历史文化为基本陈列,共展出文物600余件,其中珍贵文物203件(套),包括国家一级文物、全国同时期出土体积最大的青铜马，造型独特的虎熊龙凤座，以及古蜀青铜器、宋代窖藏瓷器等文物精品。

青白江地下文物丰富。近年来相继发掘三星村商周遗址、包家梁子汉墓群、弥牟镇汉墓群、成都二绕战国古墓群等重大考古成果；特别是三星村商周遗址的发掘，将青白江和三星堆文化、金沙文化联系到了一起。2016 年在青白江双元村出土的春秋战国时期青铜器，更是进一步揭开了古蜀文明的神秘面纱，彰显了春秋战国时代精湛的青铜工艺，对人们研究古蜀的历史文化、丧葬习俗，以及对外交流往来等提供了翔实的实物资料。

青铜马的细节之美

在青白江区博物馆内，最显眼的展柜留给了一匹东汉青铜马。它是青白江博物馆的镇馆之宝。远远看去，这匹汉代青铜马昂然站立于展厅正中的展柜中，体态比真马略小，形象十分逼真，把东汉骏马的神态展露无遗。其体魁腰壮，两耳迎风，双目圆凸，张鼻，大嘴阔张，吐舌，露齿，呈嘶鸣状，四足蹬地，呈站姿，刚健有力。

这匹铜马于 1987 年 7 月在青白江区景峰乡战斗村第三组出土，体高 1.43 米，体长 1.2 米，体宽 0.55 米，是迄今为止全国出土汉代青铜马中体积最大的一个，也是国家一级文物。

由于体积太大，这匹青铜马是通过分段来铸造的，马匹全身为中空，由头、颈、前身、后身、尾等部分组成。有趣的是，这匹青铜马的马尾还有一个椭圆形的结。据考，这是为了防止马尾与车轮缠绕。在汉代，尤其到东汉时期，战车虽然逐渐退居次要地位，但各种军用车辆仍大量使用。每次重大军事行动，所使用的车马常常以数千上万计，自然要尽量避免任何可能的麻烦。

由此可见，这匹青铜马是多么惟妙惟肖，没有放过任何细节。

◎ 青白江区博物馆馆藏汉代青铜马

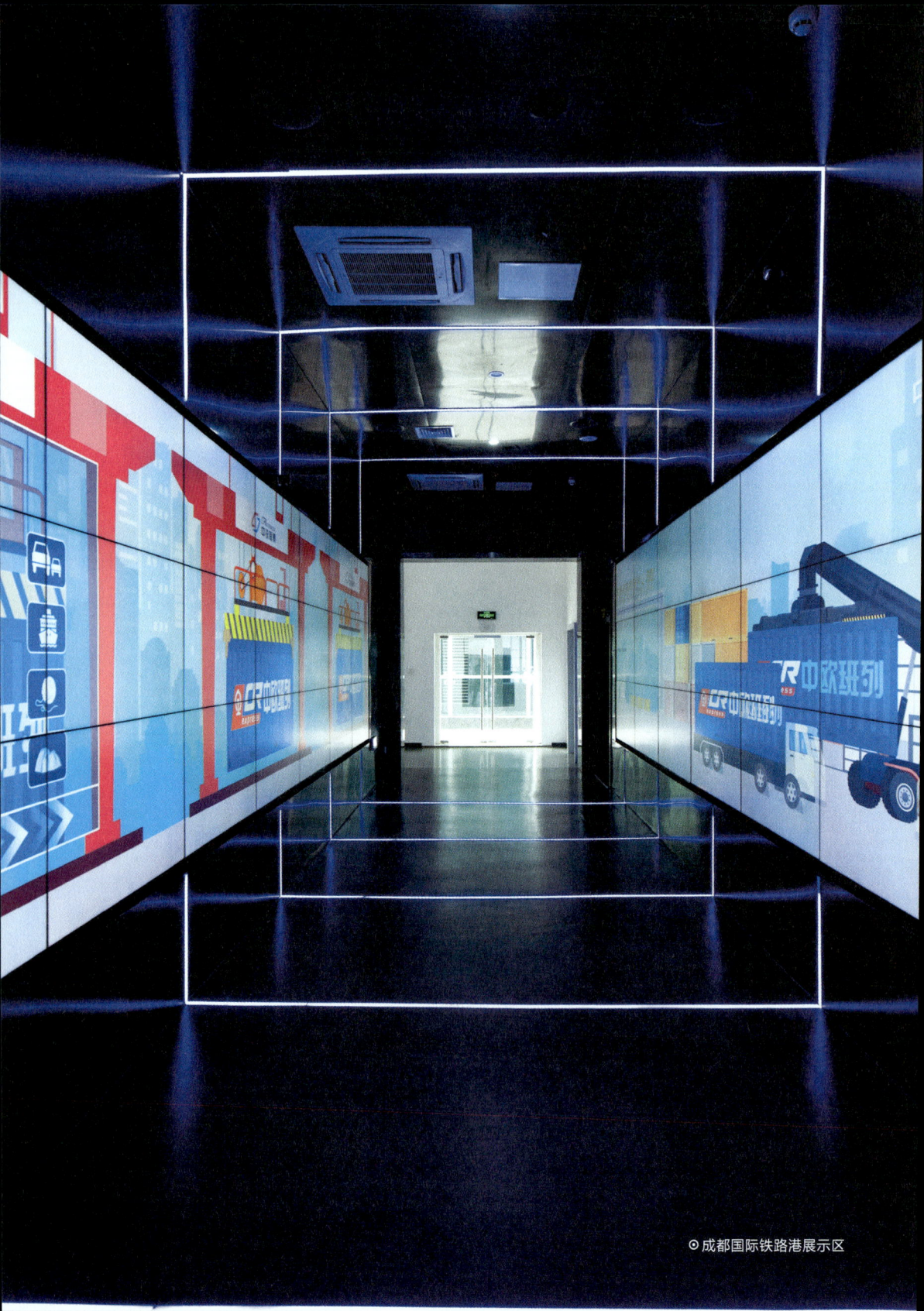

◎ 成都国际铁路港展示区

兵器，也讲究

2016年4月以来，成都市文物考古工作队、青白江区文物保护中心在青白江双元村的一次抢救性发掘过程中，出土了几百件春秋战国时期青铜器。其中，既有寒光闪烁、古时用于战场上拼杀的青铜矛、剑、戈、钺、鞘，又有古人用于农业耕作的青铜斤、凿、锯、刀；既有用于盛水或酒的青铜鍪、壶，又有用来烹煮食物和祭祀的青铜鼎……

如今，其中一部分青铜器就在青白江博物馆展出，让人窥见当时蜀国的历史全貌和人们的生活场景。其中，从出土的兵器可以看出，当时的青铜器制作工艺有多么高超。尤其是饰有龙纹、虎纹的青铜戈。龙头大身小，尾巴上翘，怒目圆睁，威风凛凛，双爪向前伸展，爪尖锐利似要刺破敌人的攻势。浮雕的虎头五官清晰可辨，鼻子与眉毛连成一体，额头中间还隐约看见变形的"王"字，实在耐人寻味。

除此之外，双元村出土的铜矛矛头也十分精美，大部分饰有蝉纹、虎纹、鸟纹、手心纹、花蒂纹组等巴蜀图语，极富地域特色。其中一件青铜矛的矛头呈柳叶形，有双弓形耳，上面装饰有精美的蝉纹和云雷纹。蝉纹是巴蜀图语中常见的纹饰，古蜀先民在与大自然的接触中发现，蝉鸣最烈的时候往往是太阳最大的时候，认为蝉与太阳之间有着某种神秘的联系，因此把蝉的形象刻画在兵器上，可能是希望借助蝉的力量增强兵器的威力。

神奇酒具

双元村春秋战国墓葬群是近年来成都平原考古的重要发现，其中 M154 号墓出土器物数量最多、等级最高，是整个墓地葬具保存最完整，也是最大的一座船棺墓葬。除了众多青铜器之外，这里出土了数量众多的漆木器残片，主要器型包括耳杯、双连耳杯、漆豆、漆盒等。其中，出土的双连耳杯，为全国首次发现。

在青白江博物馆，一对红底黑耳的椭圆形盘紧紧相依，像是一对亲吻的情侣。在古代长江流域文化中，大多数耳杯的"耳朵"为方形，但这个却是圆形的。并且，这个双连耳杯由一整块木头雕刻而成。按照古代类似器物的功能，双连耳杯多用于古代婚礼仪式。

除了双连耳杯，在青白江博物馆还能看到一个神奇的酒具——清代仿唐宫旧物所造的唐宫宝壶。宝壶由整块墨玉雕成，壶身刻龙纹，壶底刻"唐宫宝壶"四字。宝壶配有 8 个酒杯，杯身都刻有一字，合成"福如东海，寿比南山"。宝壶内被凿成上下两层不相通的空间，其内部运用的是倒流壶和阴阳壶结构，可分装两种不同的液体，从壶嘴两个不同的孔中流出。壶底和壶盖上均有一处气孔，倒液体时，只需用手指堵住其中一处气孔，利用壶内气压差，就可以随心所欲地选择想要的一种，实在巧妙——你可以装两种不一样的酒，也可以一边装酒一边灌水，这样在酒席上就再也不怕人劝酒，永远都是千杯不醉了。

原载《天府文化》2020 年第 6 期

穿行的趣味

● 文/杨　颖

> 通过新经济新场景，研发更多新的商业模式，让文化和旅游融合发展，演绎文创城市的特征，向外界打开成都人生活美学的窗口。

2019年4月，成都市青羊区被正式授牌为首批天府旅游名县。一年多以来，青羊区加快"多点联动、全景覆盖"的全域旅游建设，探索"旅游+"融合发展新路径，以期在未来的城市穿行中体验到这座城市的专属"乐趣"。

发现城市"彩蛋"

老虎张开血盆大口咬向石人的胸口、祭司在太阳光芒中矗立、冷峻的黄金面具在象牙堆里凝视着你……三幕充满奇幻色彩的古蜀微缩场景，出现在北京地铁6号线。据成都金沙遗址博物馆的工作人员介绍，这次的展示突破了传统博物馆以器物材质或时间年代叙事的展陈手法，转而采用舞台艺术设计手段，以3D打印仿制品、文创工艺品和艺术造景为载体，将"镇馆之宝"重新组合，讲述三个古蜀文明的传奇。其实，这并不是金沙遗址博物馆第一次在地铁里展示古蜀文明。

2017年，"太阳神鸟"号金沙文化地铁专列正式开通，它满载着金沙文化符号，穿行

在成都的地铁网线中，成为全国首趟博物馆文化专列。同期开通的金沙博物馆站也将文物造型和古蜀传奇，融入进站台空间的建筑中，这些无疑给忙碌穿梭于城市之间的人们呈现了一次次彩蛋，也让穿行城市这件事变得有趣起来。

当然，埋彩蛋的不仅仅只有金沙遗址博物馆，青羊区其他传统文旅 IP 也尝试着解锁各种不同的玩法。2019 年 2 月 27 日，成都杜甫草堂博物馆联合肯德基打造的肯德基"天府锦绣"主题餐厅在成都市中心天府广场亮相。这是肯德基在中国的首家诗歌文化主题餐厅，也是成都杜甫草堂博物馆首次正式进行艺术授权的尝试，也带动了文化消费体验的升级。

⊙ 草堂一课：草堂对韵

供图　成都杜甫草堂博物馆

再一次踏上人流攒动的宽窄巷子，会惊喜地发现，泡泡马特在这里开了全国首家景区旗舰店，店铺融入仿古四合院落特色，川味十足。Molly 化身熊猫为宽窄巷子注入全新活力，还原"最成都"生活，同时城市限定款"Molly 熊猫吊卡"也在这里发售。它将潮玩文化、商业空间和文化产业景区结合在一起，带来了创新的全景空间体验。

少城国际文创谷管委会规划部汪部长在谈及为何宽窄巷子能一直保持其热度与活力时说："在城市的有机更新中，产业运营也是其中重要的一环。我们希望宽窄巷子沿街商铺有一定比例的空间是能动态更新的，随着市场以及文旅景点定位的变化，筛选和引入一些传统或是创新的场景，来体现少城的烟火气、蜀都味和国际范。"

当然，不满足于已有的宽窄巷子景点，宽窄巷子二期正在规划建造中，宽窄匠造所为其首个亮相项目，这让游客们又多了一个参观打卡的好去处。宽窄匠造所是由 21 世纪初的老建筑——蜀风园大酒店——改造而成的文创空间，改造后建筑面积为 4896 平方米。匠造所外立面的灵感源自空中俯瞰视角下的宽窄巷子，将其整体院落和天井进行几何化的抽象表达；在形态上，宽窄匠造所拥有全露天的斜向中庭，是院落文化在现代楼宇空间里的一次重要的创新植入；在古朴的宽窄巷子中，中间色彩艳丽的旋转楼梯和穿插在建筑中的红色长廊，瞬间为宽窄巷子增添了活力。宽窄匠造所可以说是宽窄巷子的立体化、当代化、场景化的表达。

匠造所的 1、2 层被用为"这里是成都"主题打卡空间，打造集文创、书籍、茶饮、展览为一体的文创场景复合体验空间。3、4 层则呈现城市级互动展览空间，持续推出与成都文化相关及有品牌影响力的展览活动。如果游客逛街累了，可以到顶楼的都市田园风生活美学

空间,享受茶饮、咖啡、轻食等服务。

在商业模式上,宽窄匠造所作为城市级的场景发生器,在这里可以进行场景消费和空间消费,而不仅仅是商品消费。项目不定期以展览、演出、快闪等形式更换主题场景,进行策展式零售。在此基础上,宽窄匠造所将整合跨界资源,强化宽窄巷子的成都名片地位,助力成都建设西部文创中心,并最终形成国家级的城市文创成果展示窗口和文创产业创新的体验场所。

此外,致力于打造 IP 演艺项目的"宽窄文化演艺中心"也在规划中。未来,这一项目将通过戏剧的形式来展现天府文化和巴蜀文明,在演绎形式上创新,并与文创相结合,打造一系列精品演艺节目,全面体现成都本乡本土的文化特质。

成都文旅集团总经理蒋蔚炜认为,成都具有巨大潜力,他说:"未来要通过新经济新场景,研发更多新的商业模式,让文化和旅游融合发展。我们正在打造的宽窄巷子二期,就提出融合发展好的商业模式,演绎文创城市的特征,向外界打开成都人生活美学的窗口。"

处处皆可游玩

基于少城鱼骨状的格局,青羊区提出今年要加快建设特色街区 26 条,"一街一视界,一街一特色"是其主要特点。

吉祥街打造以少城逸生活为主题的创意美食巷,突出安逸、悠闲的氛围;奎星楼街打造以少城创生活为主题的成都创意文化聚落"第

© 斌升街熊猫文化墙

一街",突出创新、活力的氛围;小通巷打造以少城雅生活为主题的最婉约文艺小巷,突出文艺小巷雅致的氛围;泡桐树街打造以少城漫生活为主题的情调小巷,突出浪漫、淡雅的氛围……

小酒馆、特色餐饮、茶艺、精品民宿……围着宽窄巷子周边的小街巷走了一圈,发现这里还聚集了多样深受年轻人和游客欢迎的"网红店",不少年轻人甚至专门到巷子里拍照发朋友圈。

从宽巷子东广场沿长顺上街步行百余步,利用原四川广播电视台闲置楼宇改建的少城视井文创产业园内人头攒动。联合辖区内街头艺人开展的"乐动青羊·悦音FUN"活动正热闹举行,吸引众多市民驻足观看。随着众多文创产业龙头企业相继入驻,这里与宽巷子周边形成了双璧闪耀的连片发展态势,成为周边居民休闲散步看演出参加文创活动的重要场所。

"我们希望把宽窄巷子每年2000万人次的游客流量引到周边的街巷和载体中来,产生新的'后街经济',打造文娱游购创一站式体验的多元场景特色街区。"少城街道党工委书记何媛说,在业态穿插的同时,赋予每条街巷一定的特色主题。这让穿行在城市中的游客,都能在这座城市中找到令他心动的点。

全时段来一场城市冒险

明堂创意工作区以及少城视井文创园孵化了"NUART艺术节""少城有戏"、乐享新年"跨年雪地音乐节"、"视井+B站"音乐动漫节等自主品牌活动,一年四季大大小小活动不断。

◎ 匠造实验室

"同样是花 20 元钱,你可以用它去买一杯奶茶也可以用它来看一部独立影像,如何选择反映的是一种思维方式。"明堂创意工作区创始人于侃说,"你今天可以选择带孩子去一个游乐园或者和朋友去商业 Mall 买衣服,但你也可以选择去 Livehouse 看一场独立乐队的演出,新事物新活动的出现就是希望给大众现有的生活方式提供一种新的选择。"金沙遗址博物馆也孵化出了金沙太阳节,引导居民走近金沙,进而走进金沙。"金沙太阳节是金沙遗址博物馆举办的全年最重要的国际展览,每年我们都会选择某个国家或者地区来进行合作,然后围绕这个展览,进行静态的文物和展览背后文化的展示,把金沙太阳节做成一个文化交流的

平台。春节期间,游客可以不用走出国门,在成都就能够了解到不同文明之间的碰撞。"金沙遗址博物馆宣传推广部副主任秦晴说道。

科技赋能场景升级

峨眉电影制片厂(下称"峨影厂")建于 1958 年,是成都乃至四川整个电影文脉的一个所在地。时光荏苒,峨影厂过去的陈旧设备已经无法满足如今电影技术的拍摄要求了。因此,出于城市有机更新的理念,峨影厂将制片拍摄的功能从旧有园区剥离,把峨影厂作为一个产业旅游景点来进行规划打造。"我们提出了沉浸式电影博物馆的概念,电影是光影的艺术,在园区的有机更新里,我们会引入用科技来塑造新的场景,呈现电影的光影感,打造沉浸式体验。"峨眉电影集团规划部主任黄莎说,"我们会利用全息投影、VR 等技术,在园区内部营造一些电影情节场景,当周围的居民或者游客准备走进峨影厂的时候,可能全息投影下的某个经典电影人物会登场向你打招呼,抑或者侏罗纪公园的恐龙会激动地朝你奔来。"

金沙遗址博物馆也在利用科技对遗迹馆进行数字化改造,预计在年底与观众见面。改造完成后的遗迹馆在最新研究成果的支撑下,依托全景拍摄、三维数据采集及建模、应用人工智能和最新三维虚幻引擎实时渲染技术,还原金沙遗址的发掘现场、古蜀国的自然风光和古蜀人的祭祀活动,给游客带来沉浸式的体验。观众穿行在原址保护的发掘现场,不仅可以通过触摸屏幕,获取各个发掘点位的图文、三维动态演示及视频,还可以操作互动手柄,走进本世纪第一个重要考古发现的考古现场,感受考古发掘现场的紧张氛围。甚至可以在一棵只有三千年历史的大树旁休憩,通过高清融合投影打造沉浸式体验空间,一眼望穿祭祀区的形成、发展和衰落以及考古发现的历史。

原载《天府文化》2020 年第 12 期

一条文脉巷让一座古城被看见

● 文 / 侯雯雯　　　　　　　　　　　　　　　　● 邛 崃

> 站在历史与未来的交汇口，邛崃以探索者的姿态寻求传统土壤与现代化国际化建设的融合机制，唤醒人们的地方感。

抬脚迈入邛崃文脉坊被改造过后的段公馆门槛，迎接我们的是一面照壁，颜色不是传统的朱红，而是非常现代的配色——蒂凡尼蓝。精心设计的灯光下，一排白色小字清晰可辨："一个院子，让一座古城被看见。"

"被看见"是深谙人文主义地理学精髓的一个概念。要知道，人们深深眷恋的地方不一定都是可见的。作为物理空间，房屋和街道自身无法创造出地方感，只有当它们拥有强烈的地方风情、视觉特征和清晰的边界时，才具备了可见性。可以通过诸多方式让一个地方成为可见的地方，比如利用艺术、建筑、典礼和仪式所产生的驱动力。通过引人注目的表现可以使地方变得鲜明真实、被看见，而通过个人生活和集体生活的愿望、需要和功能性规律为人们所关注，更能增进人们的地方感和对于一个地方的认同——一旦形成地方感，最初无差异的空间会变成我们逐渐熟识且赋予其价值的地方。

城市规划师都喜欢唤起人们的地方感，这种努力和实践又被称为"造乡"，最简单的做法就是通过重构空间，让地方被看见。

所谓"造乡"，或者说地方营造，不仅仅是指物理空间的改造或建设，它还包括未来细水长流的对历史记忆的挖掘，对社会关系的深耕，对身份认同的培育（这也是法国人类

发现成都之美
Discover the Beauty of Chengdu

学家马克·欧杰定义的构成"地方"的三要素），尤其重要的是对地方知识的保存和活化。

　　站在历史和未来的交汇口，邛崃是如何以探索者的姿态进行"造乡"，通过空间的重构传承文脉、延续荣光、唤醒人们的地方感？故事要从全国唯——条以"文脉"命名的街巷到西南首个拥有建筑师建筑群落的城市更新项目说起。

◎种业园艺术装置
——丝源

"新文脉"，连接当下与传统

水是天府之国奔腾的血液，事实上，"天府之国"之称的由来也是因为水利工程让成都平原变得"水旱从人，不知饥馑"。自两千多年前开渠修堰、引水筑城，水便为成都平原上所有的城池提供着生生不息的发展动力，临邛古城自然也不例外。自古以来，邛崃就是一个兼容高山、丘陵和平原、五河纵横的润泽之地，南河、邺江河、斜江河、蒲江河、玉溪河 5 条河流在这里形成水网纵横。

临邛先民充分利用北高南低的地理条件，探索出由城西北向城东南流向的引水入城规划布局，四条大街的水道向四城门延伸，同时，从西北方向引西河水进城汇入下水道，最终流向南河。从初建时起，临邛便是一座被护城河环绕与拱卫、能够自给自足的城池，当地居民至今流传着临邛古城"关着城门可以吃三年"的说法。

位于临邛古城区核心区域的文脉巷，是中国唯一一条以"文脉"命名的街巷。因汉唐修建文庙引水入城开挖文脉堰，形成因水而居的川西古城巷院雏形。明代的临邛文人希望家乡文脉流芳，挥毫写就"临邛文脉"四个字，刻石立碑于文庙附近。文脉堰引西河水进城流入瓮亭的荷花池，经杨天官花园的池塘，过文脉巷，最后流入文庙泮池，就是让当地人颇为自豪的"一脉灌三池"。

文脉巷人杰地灵、精英荟萃，清代以来，不仅本地望族，连外来文人雅士、官员商户均会选择文脉巷造园建房，一时成为临邛古城文人墨客、商贾官员聚集地，被视为临邛文化之源、城市之核。

相传，古时临邛学子离乡应试，必得先去文脉巷参访乡贤宅邸，以叩文脉绵延、诗书继世之光，然后进文庙烧香朝拜，再登小南门魁星阁，走完这全套程序，方才出城门，过玉带桥，抵达南河码头，乘船离境，去追求自己的大好前程。此间人才辈出，自有科举考试起，从这里走出的举人、秀才不胜枚举，明清两代 3 位临邛进士里就有两位家住文脉巷。

时至今日,文脉巷片区东至南街、西至花园街、南至长松路、北至天庆街,为青砖、穿斗木构建筑为主的传统片区,由文脉巷、太师巷、何家巷、水巷子四条主要街巷及众多的通幽小巷组成,独特街巷肌理蕴藏了温暖、平和的古城生活气息,承载着临邛古城的重要历史文化底蕴,囊括代表临邛古城历史人文的"三巷、三社、九院",记载着城市的历史脉络,更决定着城市未来的流向。

邛崃市采取片区开发模式,以文脉坊街巷复兴项目为示范,大力实施城市更新工程。作为起点的文脉坊街巷复兴项目位于邛崃市中心城区,占地面积 109 亩,建筑面积 12.6 万平方米,是复兴重塑城市生命力和地方感的重中之重。

2019 年 7 月初,主题为"一个院子,让一座古城被看见"的建筑设计竞赛在邛崃拉开帷幕,面向全球知名设计师及专业设计团队招募建筑及空间概念设计方案,设计师需要设计的对象,是邛崃市文脉巷片区内的任意一间院子。院子的功能和内容由建筑师们自由发挥——它可能是书店、茶室、餐厅,也可能是画廊、剧场、社区中心……"不设限"的定义让它拥有更多元的建筑可能,要求参赛建筑师通过调整城市空间结构,面向未来的可持续发展,留存川西传统院落稀缺肌理,最大限度实现古城的有机更新。

邛崃文脉巷片区城市更新建筑设计竞赛在报名通道开通一周内,收到来自全球共计 585 组选手的有效报名信息。赛事参赛者中拥有名校背景的比例较高,包括麻省理工建筑系、宾夕法尼亚州立大学建筑系、哈佛建筑系等全球知名学府建筑院系,还吸引到旅居国内外其他城市的邛崃本土设计师积极响应,纷纷表示这次参赛同时是他们返回故乡、回到曾经的旅程,是对家乡的致敬。

经过 5 位业内大咖评委盲选评分,最终"晓城""叠巷院""邛崃大茶馆""镜院"等 12 个方案从 234 份有效方案中脱颖而出进入决赛,并在决赛现场进行了形式丰富、创意独特的展演决选。参赛优秀方案众多,不论是从设计理念、打造方式,还是对邛崃文化及城市功能的传承与承载,都具有极强的指导性和落地性。丰富的参赛作品也为文脉巷片区的复兴,提供了更为丰富的呈现方式及可能性,用新兴的建筑语言讲述着临邛历史的传奇，更重要的是，让其在新的时代得以延续。

文脉坊街巷复兴项目以"一街四巷连七坊"进行空间规划布局，以延续原有城市肌理，激活街区活力。国内首条沉浸式主题汉街南北贯穿，彰显临邛历史源远流长；文脉巷、何家巷、太师巷、水巷子四巷根据原址保留，形成灵动通达的步行网络，让汉街与南街紧密互动；街巷串联，七个街坊自然形成，暗合汉唐时期典型的城市规划格局。各条街巷多以"丁"字形交错，力求对景优美、婉约流畅，突显川西古城的独特空间魅力。"三社六馆重九院"为重要文化节点，现存王家大院、段氏旧居、何家大院、邓氏洋楼 4 座明清时期传统院落；罗衡斋、陶泽惠、吴江、林向贤等多处历史名人故居遗存，以及反映邛崃农耕手作发展兴盛的春晓茶社、竹藤社和布鞋社均根据其原有位置散落其中。

新空间，绵延一方人文

近十年以来，中国古城改造进入空前的活跃期，更新城市空间格局的同时，许多古城空间遭受了破坏性的侵袭，许多古镇老街虽然存在，但"千城一面"，丧失性格。

邛崃从 2019 年正式启动文脉巷片区街巷复兴项目，对标的是上海思南公馆。总体上看，规划改造后的思南公馆非常成功，建筑可阅读、文脉可延续、历史可触摸、时尚可体验。通过持续业态培育、文化氛围营造，思南公馆日益成为上海城市旅游新地标和公共空间文化活动风向标。公馆历史文化与现代气息的交相辉映，启示着临邛古城的再造与更新——城市更新不可能全然回顾过去，"更新"本身就意味着生长和延续。一座城市更新的使命不仅是传统文化的守护和延续，更是醇厚文化气质的重新释放。

文脉巷片区街巷复兴项目秉承以"留改建"并行的推进原则，重塑文脉巷片区城市空间肌理，通过区域内重点院落的保护、提升及崭新的消费场景构建，在这个由街巷构建而成的城市功能片区中，植入全新的城市功能、产业、文化等要素，把城市中的老旧街坊，建设成为成都特大城市郊区新城的文化地标、区域中心城市综合服务的个性客厅、独具艺文古韵的城市名片。

"延续街巷肌理""重整建筑风貌""再现邛崃生活的场景",是文脉坊进行科学有机的城市更新的三大目标。以"三巷分区"重塑"重九院"新空间——以传统院落意象呈现,叠加多元化商业业态,激活项目昼夜经济,提升街区持续活力,引入艺术、文创、休闲、餐饮、民宿等具有现代都市情调的时尚业态。"十八院"院内院外预留小型表演和巡游场地,为邛崃市民及游客提供沉浸式、全时段、全龄段的文化娱乐活动。

⊙竹编

供图 邛崃市委宣传部

文脉巷口戏台广场一侧，百年老宅段公馆已经首先亮相，氤氲的咖啡香温暖着整座小城。

段氏旧居，一座伫立在文脉坊近百年的老宅院，原为民国时期西康省政府民政厅厅长段班级私宅。段班级是邛崃首位毕业于北大的才子，在民国政坛中，尤其是在川西政坛中发挥着举足轻重的作用，备受当时川西政要刘成勋、刘文辉的青睐。他不仅是个政客，更是个文人，先后在成渝两地办《唯民周报》《大学月刊》《青年园地》《半月刊》《民众时报》《华西晚报》，传播思想、启蒙大众。

历史名人的风采铭刻在历史注脚中，更滋养着他们曾经战斗生活过的建筑空间：砖木结构、穿斗排列、抬梁结构、双步架前廊，以及天井四周屋檐下的檐廊，凸显着川西院落的特色，集清代晚期和民国初期中西风格为一体，不仅是文脉巷的历史记忆和人文内蕴的物质载体，更延续着这座古城的精神品格。设计团队对已经破败的段氏故居进行了测绘分析，对原有建筑构件进行标号后采取保护性拆除，依据复原图纸逐一排查，筛选符合设计要求的材料进行二次利用，提炼出建筑原有的元素，留存原有的建筑形式，完善四合院布局，并满足现代使用功能需求，为百年老宅续接辉煌。

而今，百年段公馆迎来了成都本土精品咖啡品牌绘咖啡，小城生活方式的改变，也许会从邛茶、邛酒与精品咖啡、西餐的混搭开始。

从某种意义上而言，文脉坊之于邛崃如同太古里之于成都，传统与现代、市井与时尚、文化与消费并存的城市人文客厅亦是新的城市商业中心。基于历史渊源、文化的沉淀发展而来的文脉巷片区在更新之后，拥有良好的商业氛围，充满现代商业的气息，年轻、时尚元素、未来潜在的商业市场，吸引了如绘咖啡一般的众多品牌入驻——

日本京都岚山的酒店品牌梦黄栌酒店选址于文脉坊北侧，这里是历史建筑何家大院所在之地。邛崃特色的"酒""茶"，以及何家大院留存的三口井，都成为梦黄栌酒店设计的元素。拥有天井的传统围合式庭院内，构建出大量拥有景观、休憩区域的共享空间，水景、连廊、竹林、院子……营造出传统与现代交织的游走体验。酒店客房区将"井"的概

念引入,通过院井划分空间,形成彼此独立、互不打扰的区域,又营造出院景,泡池院、标准房、露台房、套房……多种房间类型,可以满足不同人群的居住需求。进入的那刻,人们便远离了商业区的喧闹,步入一个古城中的"世外桃源",如梦似幻。梦黄栌酒店利用场景思维,把"梦"和住宿业态结合,设计出各种令人向往的生活场景,把日本文化特殊的造字与在地人文结合,在不同功能的空间,呈现出独具当代东方人文气质的不同体验;创造更多与邛崃本地文化紧密联系的艺术体验,以琴棋书画、曲水流觞形态呈现韵味十足的艺术装置,提供邛崃特色的文创体验。

如《岛上书店》一书所言:一个地方如果没有一家书店,就算不上一个地方。作为城市的精神标记,书店为书籍和爱书的人们提供了心灵休憩地。《东京本屋》的作者吉井忍也曾经写过街角的小书店是如何带给她切切实实的地方感。当千年古城遇上"最美书店",会产生怎样的化学反应呢?源于重庆的书店品牌新山书屋在成都店之后宣布入驻邛崃,新山书屋看中的是"邛崃不仅有迷人的'小城故事',亦有愈发自我的文化风格",随着新山书屋·文脉坊店的逐步呈现,更多美学生活方式涌入市民生活,将为邛崃展现出更多可能性。

以文脉为线索,以文脉坊为起点,这场城市更新带来的不只是一个院落、一片街区的更新升级,更是一种生活方式向另一种生活方式的升级和进阶。未来,文脉巷片区终将合奏成为一曲生动而和谐的城市交响乐,通过地方感的营造增强城市的自我意识,为邛崃建设成为成都西部区域中心城市谱写更新的篇章。

天府现代种业园

供图 邛崃市委宣传部

原境重构　天府南来第一州

"风月无边,长安北望三千里;江山如画,天府南来第一州",作为南方丝绸之路西出成都的第一城,蜀地通滇、藏的要津,临邛古城自古就有"酒里""茶乡""陶都""绸城"之美誉。两千多年来,临邛古城的商道上,商旅络绎不绝,厚重的历史沉淀,书写着"临邛自古称繁庶,天府南来第一州"的传奇。

过去种种,皆为序章,当下的意义在于连接过去,通向未来。无论是文脉坊升级成为新的文创街区,还是天府现代种业园、邛窑遗址公园,两个国家级新园区的布局又或是复兴原乡传统、寻访最佳物产、捕捉匠心民艺,都是立足于本地人文和自然资源绘就新时代的邛崃画卷。邛崃通过创意让地方风物变为能够带给人们审美体验的文创产品,通过原境重构给予人们沉浸式场景体验,以在地文化作为原点,以地方感作为今日邛崃的核心竞争力和对于人才的吸引力。

新创意,让风物变"美物"

正如建筑大师安藤忠雄所言:拥抱历史,我们需要分析;拥抱未来,我们需要创意。当创意为风土和物产注入新的血液,人们本已司空见惯的风物——一根邛竹杖、一碗奶汤面、一块儿碎陶片,亦能变成带给人全新审美体验的美物,这就是今日邛崃人的生活美学实践。

种子养育着人类代代相传、生生不息,催生着农耕文明、工业文明和现代文明,承载着人类的和平美好和繁荣希望,种业深刻影响着社会历史进程并受到全球各国关注。在新的历史机遇下,作为国家农业产业化示范基地、国家级杂交水稻制种基地,邛崃建设成都市唯一的种业产业功能区——天府现代种业园。

2020 年 7 月 27 日，邛崃以"一粒种子，让创意自然生长"为主题举办了"种子力"公共装置设计竞赛，面向全球设计师、建筑师、艺术家、创意人等进行公开招募，吸引了超过 660 组选手报名。最终，广州全体建筑的作品《丰收的地平线》获得第一名。9 月 8 日，为期一个月的成都市首届天府大地艺术季在邛崃天府现代种业园区启动，在稻田和林盘间集中展示了 28 件大地艺术装置作品，其中包括法国建筑设计师 Marc Fornes 的作品《丝源》、有着"东京达·芬奇"之称的黑川雅之利设计创作的《水上方舟》、日本三大花艺流派"草月流"花艺大师吉元烨子创作的《风开始的地方》，以及中国当代艺术家邱光平创作的《芙蓉嬉语》等。作为首届天府大地艺术季的重要单元，"种子力"公共装置设计竞赛就像一把钥匙，以"源自大地、回归土地"的理念，打开通往大地装置艺术的大门，以国际化、艺术化的审美视野，观照邛崃大地上的日常生活，拉开城乡生活创意共融的新篇章。

新场景，让美可感知和体验

最初从艺术史和博物馆学领域兴起的"原境研究"越来越刷新人们看待物质文化和视觉文化的角度，对于艺术品或者匠心手作，人们的关注点不再局限在器物本身，对器物的材质、色彩、尺寸、比例、形制或者风格进行审美观照，更要延伸到它们的历史渊源、来龙去脉，探究其在怎样的原初环境或者语境中被制作、使用和认知。原境重构，打造多元场景，给予人们"沉浸式"的体验就显得无比重要。

邛崃持续厚植生态人文优势，破题临邛古城、邛窑遗址、凤求凰典故"三篇文章"，坚持"留改建"并举，统筹推进城市有机更新，打造文脉坊、十方堂文创小镇等一批消费新场景，融合休闲体验、艺术熏陶、教育展示等功能，为居民和游客提供主题展览、音乐会、读书会等沉浸式场景体验，将传统的休憩场景打造为文创休闲场景。

邛窑是中国彩绘瓷的发源地,四川古代最大的青瓷窑系,于2017年被列入国家考古遗址公园立项名单。十方堂文创小镇巧妙联动邛窑遗址公园、自行车高速郊野公园、山体房车营地公园和滨水博物馆等十余个文创空间,实现人气共享,以公共空间艺术撬动洲际等高能级酒店和特色文创商业休闲街区建设,形成文博展示、文创休闲、文旅度假深度融合的消费场景。

文脉坊以城市更新为主题,通过文创空间和文创业态的融合及诗歌、茶艺、手作、电影、音乐等文化社群的联动,孵化一批独具特色的文创品牌和产品,在文脉坊的空间中去生根发芽,去成长壮大,去提升新时代下城市的温度和诗情画意,让邛窑、邛酒、瓷胎竹编、古法造纸、竹麻号子等邛崃传统技艺焕发新的活力,被更多人所知晓,走进更多人的生活。

如果想知道什么才是在今日邛崃触摸"临邛繁庶"的正确打开方式,得到的答案必然不止一个:可以到"凤求凰"故事发生地听一曲《凤求凰》;可以在邛窑遗址公园的窑包旁亲手做一件陶瓷小玩意儿;可以去文脉坊消磨时光;又或者在风景如画的天府现代种业园区内参观种子肖像馆,顺便于万物生长鲜食餐厅感受绝对新鲜的"从菜地到餐桌零距离",在破土咖啡小坐,逛逛蔚崃杂货铺、崃劲市集;又或者,骑着自行车一路骑行到平乐古镇……

原载《天府文化》2020年第11期

⊙ 卓文君与司马相如
萌宠动漫

有一种跃动，叫双流

● 文/王 越

● 双 流

> 继2021年3月14日"成都—达卡"全货机航线顺利首航之后，3月15日凌晨4点30分，满载60吨电商包裹的递四方"成都—伦敦"全货机航线包机又从成都双流国际机场顺利起飞。短短两日内，接连开通两条国际货运航线，这是成都航空史上的首次。至此，成都双流国际机场的全货机航线达到了14条，客改货航线达30余条。

航空作为一种运输方式，物流是其核心，而物流本身是服务于供应链，服务于上游的需求，服务于一些创新的交易模式，如跨境电商等。航空物流的发展，能帮助推动整个制造业的发展，然后带领整个供应链进一步升级。

相比上海浦东机场、广州白云机场，双流机场以前的货运功能较弱。而如今，随着货运航线的不断开通，双流机场的潜力被充分释放。这不仅能直接提升西南地区对外贸易水平，为西南地区电商物流企业提供良好的示范，还能为成都进一步参与全球竞争与合作，建立具有国际竞争力的供应链体系提供有力保障，进而全力推动成都加快建设国内大循环的战略腹地和国际国内双循环的门户枢纽。

"坐拥"双流机场的成都双流区，在过去一年里，让全世界都感受到了她的脉动。根据《"大流行"之下——2020年全球航空业简报》，在2020年全球客流量最多的十大机场中，双流机场以4071.2万人次跻身全球第三，排名上升了21个位次。

在一定程度上，机场的吞吐量就是经济是否发达的重要标志。机场不仅方便了人的出行，也能促进产业聚集，带动经济发展。凭借机场优势，双流的发展长年位居成都中心城区前列。2020 年，双流 GDP 突破 1000 亿元，成绩亮眼。

凭借空港资源禀赋，双流走出了一条以空港引领区域高质量发展的新路，设立了双流航空经济产业功能区、成都芯谷，以及成都天府国际生物城三个市级产业功能区，努力实现功能区差异化、专业化、特色化发展。以成都芯谷为例，这里正成为双流航空经济的新动力源。按照目前的发展势头来看，预计到 2025 年，成都芯谷产值将达 200 亿元；到 2035 年，成都芯谷将聚集 45 万人口，实现主营业务收入超过 2500 亿元。

区域经济发展了，区域高品质生活也开始呈现。双流全力打造新时代"企业最容易做生意的地方""市民获得感幸福感安全感增长最快的地方""干部人才心齐气顺只争一流的地方"，积极促进"有感发展"，使企业和群众获得感、幸福感、安全感更加充实、更有保障、更可持续。

站在实现"两个一百年"奋斗目标的历史交汇点上，双流正迎来新的发展机遇。结合自身实际，双流创新性地将"走在前列作出示范"与"幸福美好生活十大工程"有机结合，站位全局，坚定不移地走改革路、打创新牌，积极探索可复制可推广可借鉴的实践经验，成为成都高质量发展和公园城市示范区建设的生动典范。

从楮纸、蜀锦走向世界

随交子流传到天下的楮纸，成为双流对外开放的象征，"空港通天下，双流达五洲"，在新的时代起点，双流将唱好"双城记"、融入"双循环"，抓住新的时代机遇。从楮纸到蜀锦，无不彰显双流创新创造、优雅时尚的天府文化内涵。这些人文本底，也凝聚起双流"敢为人先、勇争一流"的城市精神。

少有人知的是，交子又叫"楮币"，是用楮纸印制而成的。那时，虽然四川地区经济相当繁荣，但钱荒严重，缺少铜钱，商人们只能用铁钱作为流通货币。铁钱不值钱，当时

◉ 空港中央公园

买一匹布需铁钱两万,重约500斤,只有用车来拉。

于是,成都就出现了为不便携带巨款的商人经营现金保管业务的"交子铺户"。存款人把现金交付给铺户,铺户把存款数额填写在用楮纸制作的纸卷上,再交给存款人,并收取一定保管费。这种临时填写存款金额的楮纸券便谓之交子。而后,商人选择直接用交子来支付货款,交子也渐渐发展成为真正的纸币。

而印制交子的楮纸,便是双流的物产。

据元代出版的《笺纸谱》记载:"广都纸有四色:一曰假山南,二曰假荣,三曰冉村,四曰竹丝,皆以楮皮为之。其视浣花笺纸最清洁,凡公私簿书、契券、图籍、文牒,皆取给于是。广幅无粉者谓之假山南,狭幅有粉者谓之假荣,造于冉村曰清水,造于龙溪乡曰竹丝,蜀中经史子集皆以此传印。而竹丝之轻细似池纸,视上三色价稍贵。近年又仿徽池法作胜池纸,亦可用,但未甚精致耳。"大意是说,双流出产的楮纸比浣花笺"清洁",所以各种图书、文书、契约、政府公文用的都是楮纸。

交子的出现,在世界经济史、印刷史、美术史上都有着举足轻重的地位,而双流楮纸也由此成为一代名纸,天下皆知。双流生产的楮纸量大质好,纸质细白光滑、坚韧耐用,在市上广为行销。宋应星也赞叹说:"精者极其洁白,供书文、印文、柬启用。"

让双流走向世界的,还有蜀锦。现存于新疆维吾尔自治区博物馆内的"联珠对龙纹绫",于1959年在新疆吐鲁番阿斯塔那221号墓中出土,文物附带铭文为"景云元年双流县折紃绫"。

史料记载,双流原名"广都",隋炀帝时期因避讳改为"双流"。联珠对龙纹绫的进贡时间为唐睿宗景云元年(710年),所以铭文上的"双流县"应在如今的双流辖区。作为我国出土的丝织物中唯一记载产地的文物,联珠对龙纹绫足以证明双流曾在丝绸之路的外交舞台上绽放的魅力。

四川省织锦工艺大师胡光俊认为,联珠对龙纹绫的出土,是古时双流蚕桑业和丝纺业兴盛繁荣的有力证据。远古时期,蚕丛部落从岷江上游逐水而下,在四川盆地腹地牧马山找到了繁衍之所，并在此栽桑养蚕，安居乐业。

事实上，在张骞尚未开辟北方丝绸之路以前，这里的先民们就已打通了由成都出发，经由缅甸直抵印度的"南方丝绸之路"。

南方丝绸之路上的主要货物是茶叶和丝绸，而作为蚕丛文化的重要承载地，双流在丝绸产品上的地位不言而喻。蜀地蚕桑业的繁荣，与诸葛亮的推动发展密不可分。为巩固三分天下的局势，诸葛亮把发展农业和蚕桑生产放在首位，大力推动发展蜀国丝绸贸易，甚至带头在自己的 15 顷薄田上种桑 800 株。当时诸葛亮的住所，就在成都城南的葛陌村，今双流境内。

作为蜀锦发源地、古代南方丝绸之路的起点，在新时代，双流更是成为泛欧泛亚航空枢纽重大节点，在成都唱好"双城记"、融入"双循环"新格局中，具有独特而重要的战略地位。

在双流，诗意地栖居

以空港文化为引领，在高质量建设践行新发展理念的中国航空经济之都的进程中，双流提出，要以文化建设培育城市发展新动力，萃取双流文化精华，把双流文化融入城市肌理，增强文化软实力，从而赋予中国航空经济之都奋发向上的精神力量和强劲动力。

"诗书耕读林下，炊烟连着枝丫；花落白墙青瓦，依稀旧时人家……"这样的诗意生活，是双流区彭镇鲢鱼社区吴家染坊小区的日常场景。

走进吴家染坊小区，不出几百米便看到一处古色古香的木结构建

筑,"吴家染坊"几个大字格外醒目。原来,在清朝乾隆年间(1736—1795年),一个吴姓做染布生意的人,举家从眉山迁至双流的尹家巷子开设染坊,他因乐善好施、接济贫苦,广受乡邻敬重。而时过境迁,吴家染坊和其印染手艺消逝在了历史的长河中。

几年前,鲢鱼社区在幸福美丽新村建设中挖出一块石碑,石碑上刻有四个大字"吴家染坊",瞬间勾起了人们代代相传的记忆。

于是,鲢鱼社区从2020年4月开始施工,经过半年的打造,一座崭新的吴家染坊在原址重建,重现在世人眼前。新建成的染坊呈倒"U"形结构,分前坝、中庭、后院,川西民居的稻草屋顶、栅栏木门、泥巴矮墙等元素,让整个建筑呈现出自然质感,富有乡土气息,见之即唤起人们对故乡的那一抹乡愁。游客在这里不仅可以回顾过往历史,还能亲自动手,在师傅指导下完成布料印染。

据一安扎染创始人郑婷介绍,"(这里)染布手艺使用的是古法传承的植物染料,蓝染就是板蓝根,还有姜黄、苏木、栀子,这些都是植物染料。"

随着染坊的竣工,吴家染坊小区也焕然一新。红墙灰瓦的独栋民居林立,周边葱翠的果树、毛竹掩映,青石板在草坪上向远处延伸,所到之处花香四溢。"没建这个小区前,好多人的房子还在漏雨,恼火得很。现在就不一样了,'别墅'住起了。"73岁的小区居民蒋俊英说。"堂前微田园,屋后小花园"正是吴家染坊小区的现实写照。

以吴家染坊和农业公园为核心,水厂路、鲢新路两边将打造成旅游示范带,鲢鱼社区也将成为集教、学、体、研为一体的乡村振兴示范社区。

在几公里外的彭镇老街区内,马市坝街和永丰路交汇处,"槐轩书院"改造建设项目正在有序推进中。槐轩书院的创立者是清代的国学大师刘沅,是四川双流人,其创立的槐轩学派,名震一时,时人称之"川西夫子"。

据《清史稿·刘沅传》记载,刘沅的学生多达数千人,遍及省内外,百余人考中进士、举人,三百余人考中贡士,清末民初的蜀中国学大师刘咸炘、颜楷、钟瑞廷、刘芬等均出自其门。据了解,槐轩书院项目一期为书院核心部分,二期为书院配套部分,建筑整体为川西合院风格。槐轩书院一期核心部分作为研学基地,届时将丰富群众业余文化生活,有益于弘扬槐轩传统文化,促进彭镇老街文化旅游产业的提档升级;二期则依托书院核心区、彭镇老街、百年老茶馆等点位,打造槐轩文化商店、特色民宿、餐饮等配套设施,围绕槐轩文化、老街艺术等方面,拓展运营范围。

槐轩书院旁就是闻名已久的观音阁老茶馆,老茶馆占地约二三百平方米,两面临街,前后门口全是长长的木质旧铺板。走进老茶馆,看见老茶桌、老竹椅、老茶客、老茶碗,时间在这里仿佛暂停了。起初,这里是摄影爱好者的乐园,如今,怀旧人士越来越多,这里处处是前来"打卡"的时尚青年,还有四处架起的"长枪短炮"。有人还坐飞机从北京、上海等地专程而来,只为了感受这醉人的茶香、老式的茶铺环境,体味一番时光荏苒。

可以想象,槐轩书院建成开放之后,彭镇老街将成为双流又一处网红打卡地。在古今交融的新场景之中,不仅有快节奏时代中的慢时光,还有最耐人寻味的烟火气。

发现成都之美
Discover the Beauty of Chengdu

空港生活美学

"有一种生活美学叫成都",这不是一句简单的口号,而是实实在在体现于成都人的日常生活中。成都幸福美好生活十大工程描绘出了一幅幅美好生活的图景,把每个成都人的生活、事业密密织入了城市发展的大图景中。在双流,这样幸福美好的生活图景尤为清晰。

空港"一朵云"

在成都,热门的地标有很多。它们像一个个特别的符号,镶嵌在城市的各处,不仅装点着城市的容颜,也为市民的休闲生活提供了更多的选择。双流国际机场旁的"空港·云"就极具代表性。这个外观酷似一片祥云的建筑,距离双流国际机场直线距离不到1公里。"云"的突出形态,为人们提供了从机场看过来的视觉焦点,两者之间也形成了生动的视觉对话效应。

据了解,"空港·云"不仅是整个空港商务区的城市标志性建筑,也为国际商旅人士及周围入驻企业员工提供了商务洽谈、休闲放松的空间。在二层的远眺景观平台,朝向双流机场方向,开阔的景观视野也成为拍摄飞机"最近"的地方。

⊙ 空港花田

○ 空港云——成都市双流区空港商务展示中心

供图 双流区委宣传部

"亲爱的乘客，您乘坐的'双流壹号'客机已经起飞，将带您俯瞰整个双流。"坐在"空港·云"三楼的 AR 航空影院，让人有在飞机驾驶舱开飞机一样的模拟体验。跟随镜头，在视角的切换、速度的调整中，仿佛置身于未来的双流，让人感受到了这座公园城市的点滴细节：房舍、林盘、农田和灌渠在乡村相辅相成，小游园、微绿地、商业综合体点缀在城市之间，一条条蜿蜒的绿道串起了城乡好风景。

从"城市的机场"到"机场的城市"，双流在思考，如何将机场与公园城市的建设更加有机地相融。据相关负责人介绍，根据公园城市示范区理念打造的空港商务区，能让往来的游客、商务人士体验到旅游、购物、商务等一系列服务，还能在如同公园一样的环境中感受空港商务区的魅力。

除此之外，空港商务区还设计引入了"12 时辰慢生活"的概念，将空港枢纽门户与成都繁华的休闲生活、夜生活商业模式相结合，注入咖啡休闲、美食体验、时尚购物、文创集市、艺术剧场、深夜书屋等功能业态，打造 24 小时空港不夜城。

音乐创想舞台

作为"可用、可观、可游、可赏的'音乐创想舞台'新地标"，在双流区凤翔湖公园内，一座绚丽的音乐创想舞台即将呈现。据了解，作为成都"一带一路"国际艺术中心暨凤翔湖音乐创意公园项目的一部分，这座滨湖露天舞台紧邻凤翔湖，背景视线开阔，滨湖植被丰富，天际线优美。人工打造的舞台与自然湖景有机结合，湖边的木

栈道也被调整为玻璃栈道,与舞台间的景观水池、音乐喷泉相呼应,绚丽的声光电效果将形成舞台的灵动背景。以后,这里会成为公园新的地标景点,也兼具市民游览、休憩与文娱活动等多种功能。

音乐主题公园,对正在建设音乐之都、公园城市的成都来说并不鲜见。不过,将"一带一路"沿线国家的音乐引进来,并与成都的公园文化相结合,配套音乐咖啡厅、音乐餐厅等,形成新的消费场景,在省内乃至全国都是一次创新。

围绕凤翔湖,公园的东西南三侧分别规划有国际艺术休闲区、交流区、展览留学区三大功能区。其中,16号楼为先期示范区,将打造成为国际对外艺术交流中心,其中一楼用于音乐展示展陈和场景消费,二楼为可容纳数百人的音乐厅。按照计划,2021年8月"一带一路"国际音乐节将在此举办。此外,国乐风华·"一带一路"主题巡演等特色音乐艺术活动也在紧张筹备中。

据了解,目前来自法国、日本等地的十余名国际著名音乐大师已与"一带一路"国际艺术中心签约,包括著名钢琴艺术家皮埃尔·瑞切等。他们中有不少人将在这里设立工作室,并定期来表演、授课。届时,市民足不出户就能在这里欣赏地道的土耳其民族音乐会、精彩绝伦的俄罗斯舞蹈,品尝东南亚国家的特色美食。

原载《天府文化》2021年第4期

新"物种"：天府文创城

● 文 / 王　越

● 天府新区

> 从孕育到诞生，天府文创城这一新"物种"正在探索基于公园城市理念的文创表达范式。

根据演化经济学理论，"创新"是发生、变化与发展的，新奇事物的创造是其中的关键。就城市而言，要解决"老问题"，要治愈"城市病"，就要敢于创新和创造。从孕育到诞生，天府文创城这一新"物种"正在探索基于公园城市理念的文创表达范式。

自纳尔逊和温特 1982 年出版《经济变迁的演化理论》以来，"演化"一词在西方经济学界越来越成为时髦的术语。与新古典经济学的静态均衡分析相比，演化经济学注重对"变化"的研究，试图解释创新是发生、变化与发展的。其重要的因素包括新偏好的形成，技术和制度的创新以及新资源的创造等。其中，新奇事物的创造才是关键。

从进化论的角度来理解，我们可以将之归纳为"新物种"。什么是新物种？一种全新的产品形态，或者一种全新的设计理念，只要是在历史上没有的，全部可以归入新物种的类别。

新物种的出现，主要由两方面驱动：技术驱动和需求驱动。技术驱动的内在逻辑为用新办法解决"老问题"。需求驱动则需要研究人不断变化的个性化偏好。对于城市而言，老问题包括交通拥堵、环境污染、城市发展摊大饼、水泥森林无序蔓延等"城市病"，不

解决这些问题，就无法满足城市居民日益增长的对美好生活的向往。

纽约中央公园的诞生，开了现代景观设计学之先河，也标志着城市公众生活景观的到来。城市公园运动为城市居民带来了清新安全的一片绿洲，然而，由于这些公园往往被密集的建筑群所包围，形成了一个个"孤岛"，因此利用率有限，满足城市诉求和应对城市问题方面的能力也有限。

从"城市中建公园"，到"公园中建城市"，这正是成都探索现代化城市形态的新路径。"人、城、境、业"高度和谐统一，这正是成都为全国，乃至世界的公园城市建设描绘的"样本"。

中国工程院院士、同济大学副校长吴志强曾这样为公园城市"释义"：公园城市不仅仅是简单的"公园＋城市"，它需要解决"什么样的城市能让生活更美好"这一长远问题。

城市在我们生活中扮演重要的角色，很多时候，它往往就是我们生活本身。城市的活力归根结底在于人的活动，而城市发展的根本也是为了适应人对空间的新需求。

在公园城市语境下，城市发展思路发生了新的转变：从"产—城—人"转换到"人—城—产"，从原来的"空间建造"到"场景营造"的转变——仅仅有公园是不够的，作为重要的公共空间，如果没有场景的营造和叠加，公园再美也无法跟人产生更多关联。

美国著名社会学家威廉·H.怀特是关于城市、人与公共空间领域最有影响力的专家。他认为，城市不是简单地作为经济机器、交通节点或巨大的建筑展示平台，它首先是人的居住地。为什么有些城市的公共空间很人性化，运转良好，有些却不然？是什么让城市里的公共空间生机勃勃或死气沉沉？是什么在吸引着人们？又是什么在令人们厌恶？

在《城市：重新发现中心》一书中，威廉·H.怀特引入"100%的场所"这一概念来解释这些问题。"100%的场所"是指城市使用者的实用需求与对空间细节和整体性的关注在这里完美地结合在一起，导致人们最爱在这种地方待着。意大利锡耶纳的市政广场被认为集实用与美观于一身，700多年来一直是最佳的会面场所。

他也归纳出良好城市公共空间的一个基本点：供应产生需求。好的新公共空间会催生出新的使用者。好的新公共空间推动人们产生新的生活习惯,使之成为更好的人。

从公园城市首提地,到公园城市示范区,成都天府新区正一步步将"公园城市"从理念落实到规划蓝图,再落实到具体工作中。沿天府大道一路向南,天府公园、兴隆湖蔚然成景,共同绘就公园城市的最美底色。再往南,成都天府新区公园城市的重要展示窗口——雁栖湿地也粗具雏形,即将呈现。

这里将作为未来天府文创城(中意文化创新产业园)的城市绿心,也将见证"新物种"的诞生。作为成都天府新区"一心三城"

供图 天府文创城

（天府中心、西部博览城、成都科学城、天府文创城）功能布局的核心区域之一，天府文创城规划面积 140.26 平方公里，位于成都市南拓核心区域，作为中意文化合作的战略承载地和成都建设西部文创中心的核心区，致力于打造"一带一路"中意文创新地标、国际级主题文旅目的地和世界级文创 IP 孵化地。从孕育到诞生，天府文创城这一新物种将探索基于公园城市理念的文创表达范式。在新的营城策略下，天府文创城即将呈现三大公园城市新场景："自然生长"之城、"城景融合"之城、"智慧未来"之城，让我们拭目以待。

解码"先绿后城"

"每个城市都想做特色，而我想说每个城市最大的特色，就是自己的山水。我愿意打一个一千万元的赌，你找不到第二个山水相同的城市，所以我们首先要学会尊重和保护山水生态。"在谈到成都天府新区的公园城市建设时，"新加坡规划之父"刘太格曾这样说道。

城市如何与自然共生？作为公园城市的首提地，成都天府新区正打造公园城市典范样本。天府文创城正通过雁栖湿地生态绿心的建设，坚持"先绿后城"，突出美学表达，彰显生态价值，运用生态织造手法，将文创和生态结合起来，塑造一座会呼吸、能生长的"自然生长"之城。

保持天然野趣

追求自然，崇尚自然，是中国传统美学中普遍的审美趣味。在这一富有民族特色的审美趣味的形成过程中，山水作为一种自然对象，充当了从老庄哲学上的自然之道向艺术审美上的自然之美转化的中介。

当然，对于天然野趣的热爱，并不限于中国人。在欧美国家城市，对于在城市中营造天然野趣的探索，也是由来已久。以大名鼎鼎的纽约中央公园为例，其可爱之处首先在于天然野趣——无论是那数十公顷遮天蔽日的茂密树林，还是那开阔的草坪、大片的水面，都保持自然状态，一点没有刻意的人工雕饰。从旁边繁华的第五大道进入中央公园，就好像穿越了时空，顿时俗念全消，满足了人们对在城市中拥有大自然风光的向往，也让纽约中央公园成为近代城市公园的典范。

纽约中央公园的成功，也确立了公园设计所应遵守的"奥姆斯特德原则"。其中第一条就是，"保护自然景观，某些情况下，自然景观需要加以恢复或进一步加以强调（因地制宜，尊重现状）。"从1857年设计纽约中央公园开始，奥姆斯特德一直倡导尊重自然之美，尽可能减少人对自然的干扰。他希望设计能忠于自然环境的特征，相信每一处都有其生态特质和灵性，他称之为"那里的精灵"。

在后来的波士顿翡翠项链公园的设计中，奥姆斯特德依然坚持"自然主义理念"。在场地适宜性、植物种植、竖向设计和材料应用方面采用自然式、乡土式的规划设计，尽量减少人工痕迹；尊重原有地形，减少动土量，结合湖泊、沼泽等天然景观元素，解决自然防洪排涝问题，并形成宜人的湖边景观；保持原有自然绿地和本地树种，创造生物多样性环境，保证植物的良好生长和鸟类的繁殖；增加野趣，通过保留原有自然地形格局，种植特色树种，吸引野生动物聚集，加强亲水性等多种方式，突出自然生态的趣味性。

徜徉在翡翠项链公园中，我们会看到浑河保留原生湿地的基本植物群落，也会注意到后湾沼泽地那通畅的流水、朴素的石桥，还有那散植的大树。这里营造出人与自然和谐相处的乡野风光，让人欣赏到原汁原味的自然野性美，返璞归真，释放天性，平日生活工作的压力从而得到释放，让人感觉重新回到了大自然的怀抱。

不过，要保持公园的天然野趣，单纯的保留和修复并不够，还要加以改造。以纽约高线公园为例，与传统公园相比，高线公园试图对原生生态环境进行模仿和再现。这里有20种左右的原生植物得到了有效保护，而那些长势疯狂、会威胁其他植物生存的物种则遭到

清除。同时，这里引入了在颜值、质感、抗寒性、寿命等方面具有特色和优势的植物，使公园的植物种类达到 210 种，做到了一年 12 个月都有鲜花盛开。所以，高线公园虽然位于纽约喧嚣的城市中心，但来到这里的人们感受到的却是宁静、私密和有野趣的自然空间。

"保留、修复、改造"也是雁栖湿地项目最大的特点。体现在设计中，就是让现状山体、林地，变成动植物栖息、集中地，让现状水塘变成涵养水源的雨水花园和湿地，让现状道路变成多层次道路系统，让现状农田成为蜜源动物栖息地……这些无一不体现着尊重自然、人与自然和谐共生的设计理念。

⊙ 鹿溪智谷

供图　天府文创城

生态价值转换

天府大道以西,落雁河以南,是雁栖湿地示范段。这里规划总面积约 80 公顷,项目投资约 3.3 亿元,已于 2020 年 3 月开工建设。经过近半年的建设,绿色怡人的生态空间已粗具雏形。道路两旁的竹林下是斑驳的光影,童话公园处的跌水水景发出阵阵清音,吸引人们往公园深处去探寻……

近半年来,这里通对既有山体、林盘、农田的修复、地形塑造、水生态构建,形成原乡梯田、芳草梯塘、漫滩湿地、杉林漫道、碧水芳洲、竹林影台等体现自然野趣的原生景观。到 2020 年底,这里将初步呈现水上森林的壮美场景。

与此同时,14 处既有的农房、林盘、塘堰等节点则得到了保留,通过生态价值与经济价值有机融合,这些节点将按照可进入、可参与的休闲游憩和绿色开敞空间科学布局,打造为文创聚落、大师工坊、运动场所等生态价值转换点。

在公园城市理念指导下,川西林盘应如何修复、设计?如何实现现代产业功能植入?这正是天府文创城雁栖湿地项目的最新探索。2020 年 8 月 14 日,一场名为"看见·未见"的川西林盘传统民居改造设计竞赛拉开帷幕。

此次建筑竞赛的目标设计基地便位于雁栖湿地示范段内的四组目标设计点位,对应四个传统林盘,结合四种新材料,以四个新业态功能激活传统民居。

随着近年来城市建设从增量发展模式到存量更新模式的逐渐转化,越来越多的城市历史片区、工业遗产,或者传统村落和古民居,面临着建筑和场景的更新、功能的激活。但如何将旧房子看作一个具有延续性的有机体,并在此基础上以当代设计激活它的生命力,传递出它的历史价值,对于今天的规划者和建造者来说都是需要研究的课题和值得实践的方向。

用全新理念改造旧房子,既要尊重传统,又要不拘于传统,兼顾传承与创新。创新的可能，也来自新兴材料。以 3 号点位为例，这里原来的农家大院将被赋予新的功能：作为茶室或咖啡厅，兼具小型会议和简餐等功能。其配对的新材料是一种混合了咖啡渣、用生物基树脂制成的无缝地板。这种地板绿色环保，制作 1 个平方米的地板，可以利用 50 杯意式浓缩咖啡产生的咖啡残渣。如果在这样的咖啡地板上行走，将是一种让人多么新奇的体验。

可以想象，未来这里的川西林盘传统民居，将呈现出崭新的模样和功能。在体现绿色、环保、生态、节能的可持续发展理念的同时，探索"城市与自然、文化与产业、生活与美学"的有机融合。

对于当前的成都来说，公园城市建设的落脚点，不仅仅是"公园"。它不是对城市建成区植入公园等生态休闲空间，而是城市发展模式的一种"升维"构建。公园城市中，以公园为核心的蓝绿空间，不仅是城市景观生态的基底，也是城市活动和功能体系的基底。城市各领域的发展策略、重大工程，都需要在这个框架之中展开。

相比于"花园城市"，公园城市更加强调景观、生态、文化等多重功能的复合，形成功能高度复合的自然—人工生态系统，进而构建出新的城市形态和新的发展动能。这就意味着，城市建设不再以建筑为核心，而是以蓝绿空间为核心，链接多元要素，推动自然生态系统、社会经济系统和人文系统的融合，公园系统成为城市创新发展的绿色基础设施，重新定义了人与环境的关系。

产城单元绕水环绿而立，城市组团与自然相融共生，生态空间山清水秀，生产空间集约高效，生活空间诗意栖居，这便是这座"自然生长"之城的真正模样。

城区即景区，旅游即生活

以艺术美学表达城市特质，以人文生活营造城市温度，以文旅融合提升城市价值，培育发展文商会旅体多产联动、多元融合的国际消费新场景，形成主题分明、深度体验的特色产品体系，天府文创城将打造世界级主题文旅项目聚集高地。

按照"城市景区化、景区全域化"的思路，这里将形成全域旅游消费场景、公服设施、景观体系。简单来说，所谓全域旅游，就是把城市当作一个大景区来谋划建设。这是一个全新的发展理念。以前，旅游规划总是围绕景区做规划，先选定景区，再发展交通、酒店等配套设施。但随着旅游经济的发展、市场需求的变化，更多游客从观光游转向休闲度假、深度游，他们不再满足于只看大山大水，而是把旅游当作生活的一部分，他们便需要全方位的、沉浸式的旅游体验。

打造全域旅游，就必须抛弃观光游的思维方式，要在前工业化时代的环境（比如森林、田园、乡村等）中，开发后工业时代的产品，以满足后工业时代的需求。比如酒店的建设，既要有标准的星级酒店，又要扶持发展民居、庄园住宿，在保持它们古朴外观的同时，对内部居住条件进行现代化改造。雁栖湿地示范段内的民居改造就体现了这个思路。

而其中至关重要的是，要为游客营造出短期"回家"的感觉。这就需要城市在打造全域景区时具有一套完整的体系，必须和城市的肌理、文化、发展定位息息相关。

成都天府新区作为年轻的国家级新区，虽然成立时间较短，却有着丰厚的历史文化资源和人文底蕴。在天府新区永兴街道丹土村，保留着清朝同治年间（1862—1874年）建造的同治龙窑，历经百余年沧桑，同治龙窑的炉火仍在熊熊燃烧；作为纺织技艺的活化石，丁桥织机在天府新区华阳街道被蜀锦传承人和蜀锦专家联合修复完成，并成功织造出一小段精美的蜀锦，失传已久的古蜀锦传统技法工艺重新与世人见面。

历史文化的价值和特色不仅存在于有形的历史文化遗产中，还存在于无形的历史文化环境中，只有把这些有形、无形的历史文化资源传承下来，并融入现代城市公共空间体系中，和当前城市的经济发展、居民的工作生活衔接起来，建立资源与周围用地、功能、景观及环境间的互动关系，使之成为现代生活中的一个有机组成部分，才能够真正形成历史文化特色和环境氛围。

因此，历史文化的传承，应该拓展到对城市空间特色的认知及空间特色组织中，和城市用地、空间形态相结合。由此，成都天府新区构建了"一轴、四带、多点"的历史文化展示结构，对历史文化资源、历史文化博览设施、历史文化公园等内容进行展示和利用。

用故事述说历史，用创意增添生机，天府文创城将集中彰显天府文化魅力和成都生活美学，以"无处不公园"的空间形态，让传统与时尚结合，让文化可视可触可感，创新诠释公园城市文创表达。

原载《天府文化》2020年第9期

传承鱼凫精神,做现代生活家

● 文/侯雯雯

温 江

> 考古人员发现,鱼凫古城城址面积达 40 万平方米,该城与郫县古城(面积约 31 万平方米)、崇州双河古城(面积约 10 万平方米)同属于宝墩文化第三、四期。但诸城之中,鱼凫城不仅规模最大,形制结构也最复杂,代表了当时城垣规划建设的水平。从鱼凫城遗址反映的城水关系显然可见,鱼凫氏应是宝墩文化族群中尤其长于水利和水文化的支系,这不仅表现在城垣的规划建筑上,而且直接体现在其族氏之名上。鱼凫城的规模和水准无疑意味着该族系早已进入史前先进的定居农耕生活方式,而鱼凫一名,则又揭示了该族善于渔猎的古老传统,以及与之直接相关的祖先信仰崇拜系统。

在物质文化领域,鱼凫古城遗址留下了最早的农耕文明城市的雏形,形成城在田中、田在城中、城乡融汇、亦城亦乡这一"城乡联姻"的历史财富。它是马克思笔下古代亚细亚的"田园共和国"类型,也是其赞许的古代东方"城市的乡村化"途径的典型。鱼凫古城遗址是温江区域内最宝贵的历史物质财富。

古蜀人对"公园城市"的想象

现代公园城市的目标,既是传统农耕文明城市优点的传承,又是未来生态城市理想的发展。鱼凫文化留给今人仰望星空、诗意栖居、坚守精神家园的历史财富,承袭这一传统,

有助于培植新的生活方式与新的城市文明,从中汲取历史智慧和前行力量,在工业化环境污染、人类"都市病"严重的今天,燃起对未来城市新的希望,早日走出工业化的严冬时代,回归生态城市的春天。

鱼凫王国消亡至今几千年的历史长河中,鱼凫文化的因子散落在川西平原大地上,并且融合了温江乃至川西地域的多重文化内涵。温江农耕文化的源头始于鱼凫氏对成都平原最早的农业开发。从逐水草而居的迁徙生活,到聚落定居乃至修筑城池,表明鱼凫氏时期的生产方式由渔猎向农耕转变。后世温江人在农业经济方面享誉全川,成为都江堰灌区"上五县"(温郫崇新灌)之首,被时人盛赞为"金温江"。由于农产品的富余,衍生出诸如沤麻、酿酒等经济形态,难怪明代文人曹学佺在《温江道中》由衷感叹"温江离省近,民俗向称饶",又说"沤麻成白雪,酿酒比红蕉"。

温江亲水文化能够上溯至鱼凫氏逐水而居的渔猎生活。温江地处大江纵流之区,历代温江人既亲水用水,又疏水导水。通过创修河堰,引岷江水行洪、通航、灌溉农田,且为生活用水之资。唐代益州长史章仇兼琼在县内开挖新源水,用以漕运西山竹木。宋初开挖九口堰,引新开江(今江安河)水得灌溉之利。元代疏导马坝渠,"渠成安流",百姓安居乐业。明清之际,境内金马河、杨柳河、江安河、清水河堰口众多,水系发达,所以曹学佺说"处处是流水,时时当渡桥"。可以说,传统社会中温江人的生产生活与境内水系紧密融合,塑造了具有亲水特点的温江地域文化。

温江艺术文化发端于古蜀鱼凫氏及相关部落对陶器、青铜器器形与制作工艺的执着追求。这种追求贯穿古今。南宋时,温江三井观的残垣上,精美的壁画仍然清晰可见,诗人陆游观摩后感叹道"画墙皆国工,烟云俨天仗"。清末,温江涌现出李汝南、李天桢等杰出的书画艺术家,书法清新隽永,写意精妙传神,传世作品众多,对民国蜀中画坛产生了一定影响,奠定了"翰墨温江"文化的基础。

温江经历了"鱼凫古国—传统农业社会—蜀中第一小康县—国际花园城—全面体现新

发展理念宜业宜居宜游的新中心城区"的演进过程，温江民众实现了生产力大发展、大飞跃，培育了当代温江人非凡的进取精神，一脉相承，纵贯古今。

文化符号形塑今日温江

作为鱼凫故都，温江将底蕴深厚的历史文化资源与现代旅游模式相结合，在全域旅游时代开启了"温江模式"，成为人们近郊游、乡村游的首选，特别是北林绿道的全线贯通，串联起了多种类型的旅游场景。可以说，温江文旅的良性发展正是鱼凫文化创新务实精神的集中体现。在古老洪荒的时代，鱼凫氏创造性地协调重构了人与自然、劳动与艺术的关系，其物质遗存为今日温江文旅资源的重要组分，其创新精神则成为打造宜游温江的指路星，铺垫了城市与乡村有序交融、人与环境协调发展的美好图景。

作为古蜀鱼凫王国的兴起之地，温江至今仍有蜀王柏灌、鱼凫的历史遗存。位于温江区万春镇的鱼凫村遗址，是国家级文物保护单位，它是古蜀鱼凫部落联盟的中心地域，因此又被视作"鱼凫故都"。岁月在这片土地上留下了古城垣、石器、陶器、土丘，任游客凭吊，同时许多诸如柏灌王、鱼凫王、古城埂等动听的历史掌故及民间传说也成为温江吸引游客探索古蜀、了解历史的核心资源。

1964—2000年，鱼凫遗址的三次重要挖掘，出土了大量新石器时期的陶片、石器，证实温江区境内的鱼凫古城遗址是成都平原史前古蜀国古城址之一，距今约4000年，是广汉三星堆遗址和成都金沙遗址的前身。温江人引以为豪，对零散的鱼凫文化资源进行了较为系统的整理和归纳，梳理了出土文物上的鱼凫元素、从古籍到民间传说中的鱼凫元素，整理出版历代诗人吟咏鱼凫的诗词，星级酒店和街边小店纷纷以"鱼凫"为名……以鱼凫古城为中心的种种传说和遗迹，作为温江独有的人文印记，既展现了温江源远流长的历史，又形成了当地极其重要而独特的永久性资源。

© 成都温江半程马拉松

进入新世纪以来,温江区有意识地将建设文化名区纳入政府工作规划,主动深挖鱼凫文化内涵,塑造鱼凫文化特色。在城市现代建筑中融入鱼凫历史文化的传说故事,恢复了一批古寺、古街、古建筑。将古建筑、古遗址、特色村落、民居宗祠融入休闲农业和乡村旅游景观之中,规划建设了鱼凫历史遗址保护区、成都平原农业公园、稻田乡村酒店、农耕博物馆等历史文化为背景的景观节点,提升了休闲农业与乡村旅游的文化内涵。

⊙ 温江陈家桅杆

同时，充分依托区域内良好的生态环境和产业基础，成功打造了国家AAAA级旅游景区项目国色天乡乐园、幸福田园，和国家AAA级景区连二里市、植物编艺公园等5个A级景区；建设了融药田观光、科普教育、生态休闲为一体的"芙蓉长卷"中医健康养生产业园；打造了集速度赛马、时尚运动为一体的国际马术体育公园等集体验、休闲度假为一体的景点……这座4000年古都正以极具特色的旅游资源和深厚的文化底蕴，逐渐成为更多人健康休闲度假的理想之选。

千年鱼凫地，水润金温江。绿色花园繁木拥簇，亲水花都绿河相抱，这是如今温江带给大家最直观的印象。作为中国四大花木种植基地之一和川派盆景艺术的发源地，温江聚集了大大小小的生态园林，独特的生态景观为温江的旅游发展夯实了生态基础。而遍布温江大大小小的农家乐更是深受成都人钟爱，周末去温江体验一把亲近自然的乐趣，"吃农家饭、品农家菜、住农家房、干农家活、享农家乐、购农家品"，幸甚至哉。不仅能感受到古韵深厚的蜀文化和多姿多彩的民俗民风，还能体验到传统与科技相结合的现代田园生活。既能快捷往返，也能随心所欲选择不同档次的住宿：高档酒店、特色民宿、星级农家乐，满足现代人对于舒适生活的全部需求。更不用说还有让人一说起来就垂涎欲滴的特色美食等着大家去现场解锁：百年老字号万春卤菜、公平红烧兔、蒙氏叫花鸡、程抄手……

原载《天府文化》2020年第5期

创意的脑洞，现代的三国

● 文/黄修眉

武 侯

> 成都武侯祠博物馆、锦里古街民俗记忆墙、"成都武侯祠三国季"……成都，作为三国文化高地，展示着三国文化的创意及魅力。

假如可以穿越，能变身为三国蜀汉时期的某个英雄人物，你知道自己得耗费多少心血才能有他们的丰功伟绩吗？倘若蜀汉英雄也能穿越，那么在现代社会中他们又要如何施展其才华呢？三国在历史上存了不过一甲子，尽管这一群雄争霸的历史时期非常短暂，却成为千百年来人们最爱演绎的时空之一，给予后世人们无穷的回忆与想象。

"美国存在心理学之父"罗洛·梅曾说，记忆不光是过去时间在我们脑海里打下的印记，它也是一个看护人，守护着那些对我们最深切的希望和最有意义的时刻。因此文化映射了人类社会的"集体怀旧"，那些被尘封的东西，用怀旧的方式找到了出口。

而对于成都人来说，群雄逐鹿的三国历史就发生在自己生活的这片热土上，千百年来，人们的集体记忆里都深刻地烙着三国文化所传递的信念和价值。这里有全国唯一的君臣合祀祠庙和最负盛名的诸葛亮、刘备及蜀汉英雄纪念地成都武侯祠博物馆，其中还有全世界影响最大的三国遗迹博物馆，享有"三国圣地"之美誉。锦里，被美国媒体评为"全球最美街道"之一，而传统文化爱好者则怀揣着对三国文化的理解、传承与再创造，在"蜀汉成都民俗节日"里，专程乘飞机而来。成都，以"怀旧"的方式赋予人们新的对三

发现成都之美
Discover the Beauty of Chengdu

国文化的审美体验和趣味,延续文化记忆,传递文化价值,传播天府文化。

动静结合的创意之旅

　　三国时期,群雄争霸,英雄辈出,谱写了一段中国历史的精彩华章。当年的刀光剑影争城割据已化作巷间闲话,烟炎张天的战场也变为寂静无声的遗迹。若三国英雄真能穿越到现代成都,他们就能在成都武侯祠博物馆感受到斗转星移、时空变幻,也能在极具蜀汉风情的锦里步行街,体验到活色生香的民间烟火。成都武侯祠博物馆与锦

◎锦里

里将三国文化、四川民风民俗，用一静一动、一原一真的方式呈现于世，让人们在切实的体验中，于无形间完成对历史文化的记忆植入。

武侯祠内丞相祠堂，古柏森森，而几百米开外的锦里，却是热闹景象。今天的锦里并不是严格意义上的历史名胜古迹，也不是纯粹的人造景观，是由成都武侯祠博物馆在原址上恢复重建的文化旅游景观，于2004年10月正式对外开放。锦里以秦汉、三国精神为灵魂，明清风貌作为外衣，川西民风民俗作为内容，集旅游购物、休闲娱乐为一体，从诞生起，就有着传承城市历史文化的使命——还原蜀汉时期成都繁华的市井生活。

美国有线电视新闻网（CNN）旅游频道曾将锦里评为全球21条最美街道之一，也是中国唯一入选的街道，与巴黎香榭丽舍大街、纽约第五大道、京都哲学之道齐名。锦里为何闻名全球？CNN评论：锦里具有令人愉快的历史文化意义。一踏入锦里大门，首先映入眼帘的就是青砖、白墙、石板路。随着不断深入，木板门、雕花窗、小青瓦、赭红柱扑面而来。顺着街道前行，府邸、客栈、商铺、万年台、石桥坐落其间，令人目不暇接，频频驻足观看。今天的锦里，拥有三国文化元素的茶楼、客栈、戏台……

古代川西居民生活的精华统统浓缩于此。"中国建在景区边的仿古街道很多，大家多从商业上找突破点。但是，锦里从开始，定位就很明确，不是单纯的商业街，而是以文化导入为主。"成都武侯祠锦里旅游文化经营管理有限公司总经理刘承志说道，"锦里古街的灵魂就是依托成都的三国文化，以及川西独有的地域风貌。"

美国人本主义城市规划理论家凯文·林奇在《城市意象》中提出，城市意象的五个基本要素为道路、边界、区域、节点和地标。这

五类要素共同成就了空间形态的特殊性和可识别性,是形成空间感知的物质基础,也是场所精神和文化传输的载体。中国城市规划设计研究院(北京)规划设计公司的牟毫也曾在《历史文化街区空间感知提升策略》一文中写道:"优化历史文化空间,需要从塑造可识别性空间、强化地方传统文化特征、提升公众参与文化互动三个方面,增加游客对历史文化街区的空间感知效应。"

中国古街古镇不少,能让人体验到原汁原味历史文化的并不多。增强历史文化街区的体验感与认知度,便是锦里自开肆来坚持的营造原则。为了将锦里打造成独一无二的蜀汉成都生活体验街区,管理公司团队坚持只招商与在地文化有关的业态。

锦里之所以能被全世界的人们所喜爱,正是凭着对三国文化与川西民风民俗原真性的保留,成功塑造了人们对历史文化街区空间的感知。在锦里,游客可以买到成都的捏面人、棕编和糖人,品尝成都的盖碗茶,在戏台前看川剧变脸、皮影表演及欣赏古筝等。用刘承志的话来说,锦里充分满足了游客体验三国历史文化中的百姓生活场景的诉求。

锦里古街内有一处"送给未来的礼物"——民俗记忆墙。2009年岁初,在锦里二期开肆之际,特地向全川非物质文化遗产项目传承人征集了10种具有代表性的作品,如蜀锦蜀绣、瓷胎竹编、成都漆器、成都皮影;也有充满川西民俗传统生动趣味的糖画、面人、剪纸、蛋壳画等,一并封存于锦里民俗记忆墙中,将于百年后的2109年元月23日开启,让未来的子孙们对当今时代的民俗、文化传统有最直观的印象。"打造这面非遗记忆墙,就是为了看看百年后,锦里能否让这些技艺都流传下去。"刘承志希望锦里能成为四川非遗技艺的传承之所,成为人们体验四川民风民俗生活的切入点。

当"三国"成为文化节日

近几年,"古老"的锦里开始更新迭代,借助现代科技手段,通过创意的方式重新演绎历史文化,成为集中展示民间传统节俗的胜地。清明插柳、端午戴艾、七夕乞巧、中秋拜月……各种丰富多彩的文化活动,让游客在体验中传承民俗文化,唤起人们参与传统节日的激情。其中最引人注目的,便是近几年的锦里中秋节。

成都汉服爱好者舞七不仅是锦里传统节日文化活动的参与者,也是锦里中秋节文化活动的策划者。2018年中秋节,舞七带领团队策划了"提灯""走月""诗词飞花令""拜月祈福"等传统文化活动。而在2019年的中秋节,他们将影视剧《长安十二时辰》中的文化元素与蜀汉成都传统节日相结合,上千人身着汉服齐聚锦里,还原了赏圆月、看灯笼、画花灯、放河灯等传统中秋习俗,令人体会到"真正"的时空穿越。

在舞七看来,复原后的蜀汉成都传统节日已成为锦里一大文化IP。据她介绍,每年会有其他城市的传统文化爱好者专程飞到成都,只为参加"三国文化节","这不仅让传统文化有了更大的展示平台,也可以让人们以体验传统民风民俗的方式,感受文化润物细无声的力量,在脑海里形成深刻的文化认同与情感记忆"。

在复原了历史文化与民俗记忆的锦里,用蜀汉成都人的方式度过一天传统节日,其实就是从地理空间与记忆重塑两个角度,对传统文化进行再创造。正如德国哲学家康德所说,空间与时间对人们的感性认知起着决定作用。锦里营造了蜀汉成都的生活氛围,即是从空间与时间两个角度,塑造人们的感性认知。

◎三国·古城会

供图 成都博物馆

另一位德国哲学家、作家本雅明曾在《机械复制时代的艺术作品》一书中论述到，机械复制技术给艺术带来了一系列革命，但即使最完美的艺术复制品中也会缺少一种成分：艺术的即时即地性，唯有借助这种独一无二的特性，艺术才能构成历史。在代表传统文化的特定地点，代表传统文化的特定时间，度过一个传统节日，才是本雅明所认为的"完美艺术"。

节日是有生命力的，它不仅被赋予了社会文化意义，也能随着社会的发展而发展。成都武侯祠博物馆"小小讲解员"唐明晟介绍，人们要传习三国文化，需根据现代社会的发展，通过创新的表演方式、创新的消费方式、创新的媒体传播方式，将传统文化与现代人的日常生活完美结合在一起。

2016年，成都武侯祠博物馆将馆内多项三国文化活动合并，正式推出"成都武侯祠三国季"。每年6月至10月，整座城市都会沉浸在"成都武侯祠三国季"所营造的传统文化氛围中，武侯夜话·三国龙门阵、诸葛创意集市、诸葛文创大赛、拉巴特"中国小诸葛"社教项目、"孔明来了"公益课程等主题活动，令人们在长达5个月的"三国节日"中怀古溯今。

2016年首届"成都武侯祠三国季"以一场气势恢宏的三国舞蹈拉开序幕，再现了三国时期士兵在战场上奋勇杀敌的场景；在次年活动中，成都武侯祠博物馆研究员梅铮铮老师追思成都平原上的三国英雄往事，为观众讲述了自己到访过的每一处三国遗迹的故事；而在2019年，参加"成都武侯祠三国季"活动的观众则手持答题卡，寻找成都武侯祠博物馆匾额、对联、碑刻中的特殊文字、古建筑中的特殊符号，体验了一场趣味横生的"历史三国·博物馆寻宝"活动。

一座历史之城要持续焕发活力，就必须融入人们的生活中，这是成都武侯祠博物馆"小小讲解员"唐明晟所期望的。

2014年，只有9岁的唐明晟首次参加博物馆"小喜神"活动，从此爱

⊙ 武侯祠中秋汉礼活动

供图　成都武侯祠博物馆

上三国文化，一发不可收。第二年，唐明晟通过严格的考核选拔，成为成都武侯祠博物馆首批"小小讲解员"，这一当就是6年，直到16岁。此间，唐明晟参加过博物馆组织的几乎所有相关文化活动。随着越来越多的年轻人开始对传统文化产生兴趣，唐明晟希望文化传播机构能多以年轻人的视角传播传统文化，让年轻人看到更多的三国文化传播方式与文化创意形式。

◎张飞像

供图 成都武侯祠博物馆

再造三国审美体验

说到底，再造传统文化，创造的其实是一种新的审美体验。传统文化作为一种集体记忆在人们身上发挥作用，最终都是与每个人的生命体验相结合。我们永远无法真正回到过去，也没办法完全还原过去，但我们可以通过对"过去"的再创造，进而形成一种对"过去"的新体验、新审美。人们对于传统文化的再造，在乎的是创造本身，而再造传统文化的审美体验，可以让人"活"两次，一次可作为纯粹的古代人进行体验，一次作为现代人去体验古代人的生活。

这种审美体验，通过游戏、动漫、影视等"新文创"形式，让人们对传统文化产生了更大的兴趣。"新文创"这一概念最初由腾讯集团副总裁程武于 2018 年 4 月在腾讯新文创生态大会上提出。在名为"新文创·面向未来的文化生产与传播方式"的专题演讲中，程武提到"新文创"是一种面向未来的文化生产和传播方式。"新文创"强调在新时代下，以 IP 构建为核心的文化生产方式。其愿景目标，是希望打造出更多具有广泛影响力的中国文化符号。

至于如何构建"新文创"生态，共同打造中国文化符号，程武说，需要始终关注 IP 的价值观，关注 IP 文化价值的承载，因为纵观全球流行的文化符号，除了拥有人类共通的正向价值观，其他都根植于各自的民族文化传统之中。

以三国文化为内核的手机游戏《王者荣耀》便是例证。英雄竞技手游《王者荣耀》由成都腾讯天美工作室推出，一推出即风靡全国，甚至带动了许多相关产业的发展。同时，受其影响，中国游戏产业进入重要转折点，也深刻影响了全球游戏产业的发展。

1980年后出生的人,可以说,电子游戏是伴随着他们成长的。或许正是认识到"陪伴"价值,《王者荣耀》为玩家提供了更多的三国文化知识,寓教于乐。不过,游戏、影视对传统文化的复原,并不是完全地照搬照抄,而是进行不同程度的演绎。就拿真正将三国文化传播到全球的《三国演义》来说,小说也是取材于西晋史学家陈寿的《三国志》,而罗贯中则把一生都没有办法完成的志向和抱负都融入《三国演义》中。《王者荣耀》学术顾问、复旦大学资深文科教授葛剑雄在《历史的真实与真实历史的传播》一文中就提到这种现象。他写道:"对以历史为题材的文学、戏剧、民间艺术等作品,只要价值观念正确,具有文艺价值,对民众有吸引力,就可以与真实历史并行不悖,我们要更关注其宣扬的价值观念,对电子游戏来说也是如此。"强调"科技 + 体验""文化 + 互联网"的"新文创"积极塑造感官和情感体验,进一步促使玩家对游戏进行价值和文化反思,进入境界最高的价值审美层面,在潜移默化中培育人们对中国历史文化及价值观的认同,这是成都致力于建设三国文化发展高地的重要发展方向。成都拥有深厚的三国文化底蕴,如今,与三国文化有关的文化创意产业正蓬勃发展,将为成都建设三国文化发展高地注入新的活力。

原载《天府文化》2020年第9期

三"生"合一

● 文 / 王　越　李翠华

● 新 都

循着本土自然生态，新都新时代文明实践志愿者正成为社会治理的生力军，塑造着"业兴、家富、人和、村美"的生态文明乡村新景象。

把城市看作一个平台，意味着需要包括社会组织在内的各方面的人和组织参与城市治理。新都积极探索新时代文明实践之路，以本地自然生态及志愿服务为依托，打造共建共治共享的社会治理新格局。

融入特色小镇建设

以前，这里村民的娱乐活动以打牌为主。而如今，踢足球的人越来越多了，运动已成为一种生活方式。在新都区斑竹园街道三河村，生活方式在悄然改变。

秉持创新思维，以新时代文明实践融入"特色小镇"建设，实现乡村振兴，三河村足球音乐小镇就是新都区众多特色小镇中的一个典型代表。

"2014年起，我们集中全村力量，在王家院子建起了两个标准足球场，当时的想法是想通过足球运动带动些人气，促进柚子的销售。"三河村党支部书记谭杰说。新都柚是地

方名优特产、全国农产品地理标志产品，也是三河村的支柱产业。经过 5 年多的努力，三河村的足球产业逐步发展起来，成立了成都市首个农民健身足球俱乐部，"宝柚杯"逐渐发展为四川最具影响力的 7 人制赛事品牌。通过足球吸引人气，口感上佳的"新都柚"也受到球友和游客的追捧。

在王家院子，针对足球爱好者，还打造了主题餐厅、火锅等项目，吸引投资上千万元。足球主题餐厅投入 160 万元，不到两年就收回了投资，令人惊叹。2019 年，三河村吸引游客 20 余万人次，带动消费 2000 余万元。对于当地村民而言，足球产业的发展，不仅让他们收入增加，也为他们提供了家门口的运动健身场所。

一到开放日的傍晚时分，球场周围就挤满了前来活动的村民，小孩子在足球俱乐部成员的专业指导下，有板有眼地练习基础动作，未来的"中国梅西"没准就会在他们中间诞生。

在三河村，田间地头、村居院落成为践行新时代中国特色社会主义思想的"大课堂"。"这么大的太阳，进来喝口水休息一下嘛，免费的。""小蔓家"餐馆的经营者陈正建站在自家店门口，对路过的游客说。据了解，目前，三河村以连片整体规划的观念，打造出了新时代文明实践阵地。"小蔓家"餐馆正是 24 个文明实践点之一。"作为文明实践点，我们主要为游客提供一些基础服务，比如开水、雨伞、消毒液、创可贴等等。"陈正建说，"我就是隔壁安乐村的村民，今年三月来到了三河村创业。"在创业之初，村上给予了陈正建很多帮助，其中包括整体环境打造、绿化打造、风貌整治、宣传营销等。当了解到三河村新时代文明实践站的建设策略后，他便申请将餐馆设置成一处文明实践点位，自己也在第一时间加入了志愿者团队。

依托志愿者服务队伍，三河村广泛开展了丰富经济业态、培育时代新人、引领乡风文明、助力生态文明等新时代文明实践活动。村民自发成立志愿者小分队，深入村户宣传环保与生态文明知识。通过发动村民志愿者，整治院落风貌、改造房屋、修建院道和循环水道、栽种树木、安装庭院灯、改造垃圾房和公共卫生间，三河村形成了"青砖碧瓦朱门、穿斗窗花露台"的靓丽风景线，塑造了新时代"业兴、家富、人和、村美"的生态文明乡村新景象。

精准服务百姓需求

"多亏志愿者帮我修好了煤气灶，不然中午饭都没法做。"新都区军屯镇金牛村村民陈志芳在社区请修服务中心填写了请修卡，不到一个小时，社区志愿者刘昌杰就免费上门为她修好了煤气灶。刘昌杰也因此次"义举"收获志愿服务积分2分。

在新都，新时代文明实践志愿者正在成为社会治理的生力军。金牛村的请修服务，以"用我之技，解你之急"为宗旨，鼓励居民群众发挥自己的一技之长，通过志愿服务的形式，帮助邻里乡亲维修门窗、水电气等，通过邻里互助打造有"温度"的社区。

据了解，请修服务采取"线上接单认领，线下解难纾困"的工作模式，队伍涵盖有水电工、园艺师、门锁修理师、电焊工等40余名"能工巧匠"。志愿者在免费志愿服务后，会获得志愿积分，积分能兑换成粮油米面等实实在在的"奖励"，形成"奉献—积累—回报"的志愿服务模式。

目前，军屯镇共有注册志愿者9969名，他们因为志愿服务走在了一起，又通过志愿活动凝聚在了一起，同时又借助志愿服务将温暖与正能量传递。推动新时代文明实践工作与社区发展治理同频共振，必须以社区居民的需求为出发点和落脚点，才能更好地发展、更好地服务于民。

家住新都街道普河社区的罗光培是社区舞蹈队的一员。每天她都会步行几百米来到普河社区新时代文明实践站，参加舞蹈队活动。"以前没场地，只有坝坝舞，我们早就盼着有个地方练舞了。现在有了专门的舞蹈教室，我们很高兴。"罗光培说。

普河社区党委书记杨天友介绍说："该实践站服务人口有一万多人，现在'老中青'都参与进来了，实现了共建共治共享。"杨天友介绍，为了发动全民参与，普河社区充分挖掘本社区的热心人士，以及有号召力和影响力的党员群众，他们采用"一帮一带一引领"的方式，成立了7支志愿服务队伍，组建了舞龙队、"老中青"乒乓球队、"绿洲"环保队、"启艺"儿童书画培训队等各具特色的志愿队伍。目前社区在册志愿服务人员已有1000余人。

漫步正因社区，你会发现这里与以前完全不一样了。原来的各种脏乱差不复存在，取而代之的是干净和整洁。楼群间披上了创意彩衣，灰色为底，明黄、蓝绿等色彩和创意图案的搭配，使得街巷散发着现代气质。走进"正因有你"驿站，一群中老年阿姨们正聚在一起，做手工艾草包。作为正因社区文明实践站，这里有着丰富多彩的文化活动。每周三下午，社区居民李斯昭都会来这里参加手工制作活动，这已成了她日常生活的一部分。李斯昭介绍说，这些手工做好之后，都会放在驿站进行义卖，虽然钱不多，但大家参与的积极性非常高，感觉自己的手工得到了社会认可。

"正因有你"驿站是社区内重要的共享空间，居民可以在这里遛娃、躲雨、看书、交友、会客、组织活动。以这里为"基地"，居民也可以加入志愿服务，参与社区治理。正因社区居委会主任陈献忠介绍说，比如垃圾"取桶换袋"，正是由于正因环保队的积极宣传，所以从提出取缔蓝色铁皮垃圾桶，到实现群众、商户垃圾统一清运的转变，只花了一周的时间。

通过共建共治共享，将新时代文明实践延伸至群众身边、浸润群众心田，让街巷里的每个人都成为来之不易成果的积极守护者。这便是新时代文明实践的特色样本。

活化"城市会客厅"

20世纪70年代,美国社会学家雷·奥登伯格(Ray Oldenburg)提出了"第三空间"的概念。他将居住的地方称为"第一空间",工作的地方称为"第二空间","第三空间"则是居住和工作地点以外的非正式公共聚集场所,如酒吧、书店、咖啡馆、城市公园等。"第三空间"是人与人联结的平台,具有公共社交的作用,是"家庭客厅的延伸"。在环境宽松便利的"第三空间",人们能够享受聚会,尽情放松,自由自在地休闲与生活。

半个世纪过去,古老而美丽的新都将"第三空间"的概念落地,

◎ 3号线钟楼站

并演绎得淋漓尽致。在绿道吃火锅，到毗河音乐文创公园健身，在国内首个 Hyperlane 超线公园会朋友，公园已成为新都人的最美会客厅。有意思的是，新都区投资促进局就位于毗河绿道泥巴沱森林公园。公园不仅是城市最美会客厅，也是一张亮丽的城市名片，以美好的城市形象引聚高素质人才和高能级项目。

出门就是"小森林"

秋天的新都是桂花味的，不管走在大街小巷，还是公园小区，都能闻到空气里弥漫的桂花香。一年之中，老新都人宋潇潇最喜欢这个时节，也最喜欢邀请朋友们来新都玩儿。这个时节不管什么人到了新都，皆会感慨"香城"并非浪得虚名。今年，宋潇潇没有带朋友去桂湖公园或宝光寺，而是去了毗河水边的泥巴沱森林公园。

关于泥巴沱，宋潇潇有着满满的回忆——小学的时候，经常和同学们一起在泥巴沱野餐、野炊、放河灯；周末，和爸爸在这里钓鱼，妈妈则在附近的茶铺喝茶，中午全家就在农家乐吃饭。印象最深的是泥巴沱有大量的鸟，河边有白鹤漫步，林中有喜鹊放歌，地上的麻雀蹦来蹦去。

2017 年，新都在泥巴沱原址启动建设泥巴沱森林公园，总占地规模 3287 亩，相当于 14 个桂湖公园。经过两年打造，泥巴沱升级为泥巴沱森林公园。

去公园之前，宋潇潇一直担心童年记忆中的泥巴沱已不复存在。但进入公园之后，她的担心消失了，原来的参天大树还在，自然蜿蜒

的河道让人依然能享受亲水的乐趣,还保留了老新都的特色竹椅和盖碗茶。原来的农家乐倒是不见了,取而代之的是时尚的咖啡厅和餐吧,不仅如此,更让宋潇潇惊喜的是新增了栈道、塑胶跑道、泡泡营地、趣重力乐园、插花培训基地等。

而在一河之隔的毗河绿道·音乐文创公园,也是宋潇潇的"居心之地"。她经常骑着自行车,沿着绿道骑过婚纱基地,经过大熊猫说唱俑,路过缤纷隧道,到共享单车智慧停放点下车,然后走到智慧健身馆。这是一个 24 小时的无人健身馆,采用网上预约、扫码入馆的模式。这个健身馆不仅便宜而且方便,透过大大的落地窗,看着绿道上来来往往的行人,让宋潇潇感觉健身的时候没有那么无聊。健完身,沿河边前行,穿过两个凉亭及与音符组成的旋律雕塑,就是咖啡馆和音乐餐吧了,这里会定期举办音乐沙龙,可以欣赏四川音乐学院学子们的演出。

毗河绿道是成都市天府绿道体系"一轴两山三环七带"中的一带,也是新都区香城绿道规划体系"一轴三网多廊"中的核心轴,包括总长约 10 公里的毗河绿道·音乐文创公园和长约 7.5 公里的毗河绿道·泥巴沱森林公园。毗河两岸,170 公里的绿道,串联起大大小小的公园湿地,让市民有更多的路径"融入"公园,将公园作为延伸的"自家客厅"。

公园的"注意力经济"

广东人胡拉前段时间来成都玩,临走那天因航班延误,成都朋友就干脆带他去天府沸腾小镇吃火锅。一开始他觉得有点远，但到了之后，"真是开了眼界，环境实在非常好，仿佛置身于原生态的森林公园"。他们临湖而坐，湖面水气缭绕，仙气飘飘，环顾四周，树屋、山上都坐满了吃火锅的人。

正烫着毛肚时，"白素贞"和"许仙"渡船而来，哼着小曲儿唱着歌，激光音乐喷泉更是让气氛越来越欢快。胡拉心里突然非常感谢这次飞机的延误，因为这样，"一切才是最好的安排"。

2018年，天府沸腾小镇的视频就在网上热传，不少外地人留言："成都人真是太会享受了，把火锅开到公园里！"

一组数据足以显示出沸腾小镇受欢迎的程度：2018年，天府沸腾小镇接待游客超800万人次以上，文化旅游综合收入3.84亿元；2019年，上半年接待游客人数就已经超过500万人次，其中一家火锅庄园的接待量日均能达到4000人次，节假日甚至过万。

四年前，沸腾小镇还是一片废弃的荒地。随着锦城绿道的规划和贯穿，一个个"火锅+园林景观"的开放式公园如雨后春笋般冒出来，让人们在绿道沿线也能享受美食和音乐。成都市区的火锅店竞争激烈，而沸腾小镇却在一片红海中突围，秘诀就在于在绿道中植入火锅，让吃火锅这件事变成味觉与视觉的双重享受。借助短视频的东风，沸腾小镇成功出圈，成为人人争相前往的网红"餐厅"与城市"会客厅"。

从沸腾小镇的音乐火锅，到漫花庄园的玻璃栈道、芳华微马公园的紫藤廊道，新都的公园以惊艳的姿态出现在大众的视野中，成为整个城市的"会客厅"。

2019年，国内首个Hyperlane超线公园设计效果图一经面世，立

◎ Hyerlane 超线
公园效果图

供图　成都新鼎
置业有限公司

刻引爆网络。这个长达 2.4 公里超线性空中立体公园，并不是公园与商业的简单叠加，而是两者的有机融合。连线成片的屋顶花园、以社交为导向的景观设计、正对四川音乐学院（新都校区）大门的露天剧院、2.4 公里连绵不断的城市景观长廊……可以想象，2021 年完工之后，这个超线公园将会成为下一个网红打卡地，也将成为年轻人的社交潮玩之地。

在互联网时代，相对于过剩的信息，注意力变成了一种稀缺资源。诺贝尔奖获得者赫伯特·西蒙对当今经济发展趋势进行预测时指出："随着信息的发展，有价值的不是信息，而是注意力。"新都将公园和绿道打造为网红，成为"注意力经济"的赢家，不仅使当地居民受惠，也吸引了越来越多外来人才与优质企业。

原载《天府文化》2020 年第 10 期

公园城市的"超级绿叶"

● 文/侯雯雯

● 新 津

如果要为今日新津画个像,上海同济城市规划设计研究院城市设计研究院常务副院长、教授匡晓明一定会选择画上一片树叶。这当然不是任意一片普通的树叶,作为新津公园城市规划总顾问,匡晓明为新津精心设计了"超级绿叶"作为公园城市总体架构。其中,山水湿地自然本底是超级绿叶的生态基底,津津绿道网络体系是超级绿叶的脉络肌理,"一心(津津城市绿心)三城(牧山商旅城、五津水韵城、岷江创新城)五镇(农博小镇、文博小镇、渔博小镇、休闲小镇、花韵小镇)"是种在超级绿叶里的城市组团,所有新津人是组成这片超级绿叶生生不息的命运共同体,而高质量现代化产业体系,无疑是超级绿叶的生命动力。

如果说高品质的生态环境是产业发展的空间载体，那么，产业功能集聚无疑是公园城市建设的动力来源，"公园城市建设不仅需要高品质空间，也需要强大的产业支撑，'超级绿叶'的生命动力应该从高质量的现代产业体系中来。基于此，我们才能理解公园城市和产业功能区的关系。"在这种思路指导下，这片超级绿叶之上建立起四个产业功能区，它们分别是天府智能制造产业园、天府农业博览园、梨花溪文化旅游区、天府牧马山国际商旅区，四个产业功能区覆盖了新津县域面积的 97.6%。

一方面，要在产业功能区建设中融入公园城市的新要求，匡晓明认为："比如，新津在天府智能制造产业园中建设了天府明珠公园，这是个很好的实践。这个公园有坡地，有湖面，有休闲运动场景、历史人文内涵植入，改变了传统工业园生、冷、硬的形象，营造了'在公园里生活，在花园中办公'的人城产融合场景。在另两个分别以'农博+''旅游+'为核心构建的产业功能区，更应以公园城市要求，植入创新场景、休闲场景和消费场景。"天府智能制造产业园是公园城市的创新表达，天府农业博览园是公园城市的乡村表达，梨花溪文化旅游区是公园城市的文创表达，天府牧马山国际商旅区则是公园城市的数字孪生表达，如是，产业发展和公园城市建设便无缝结合。

另一方面，以产业功能区为载体，大力构建高质量现代产业体系，大力发展县域经济，城市才会聚集经济活力，拥有充足的税收。只有有了雄厚的产业支撑，才能为市民提供大量的城市公共服务产品。"我们要为市民提供'推门见公园'的公共服务，但这远远不够，还要提供高质量的教育、医疗和体育服务。只有以产业功能区为载体，壮大新津产业规模，才能把公园城市建设落到实处，才能把生产、生活与

生态融合好,才能把人民群众对于美好生活的向往化作现实。"

不只新津如此,随着城市发展路径从生产逻辑转向生活逻辑,国内外许多城市纷纷开展由产业园区向产业社区转型的建设,走上了一条向都市型产业社区、城产人文融合发展的蝶变之路,打造完善公共空间、公共设施配套,实现产业转型和城市环境双提升。

所谓产业社区,是指以都市型产业为动力,在现代生产性服务业、制造业高端环节和科技型企业集聚的基础上,使都市化的生活方式与现代产业发展相融合,产业形态与自然城市生态相协调、宜商与宜居环境共生、经济繁荣与社会和谐相统一的社会经济形态。

作为产业功能区内以产业功能为主导的产城融合社区,还有承载着成都人的生产、生活、生态需要的都市型产业社区,将如何塑造未来城市的新形态呢?一叶窥全貌,新津以产业社区建设推进区域高质量发展的创新与实践,为成都的都市化产业社区探索,贡献出了一个"超级样板"。

三生相叠 "人城产"共生

"周末去哪儿玩?"

"带孩子去乡下农庄住两天。"

"真羡慕你们这种家里有农庄可以享受田园生活的人哪!"

"共享农庄,你也可以有。"

这样的对话在我们身边越来越经常地听到。带上家人或携三五好友,乘地铁去新津,到天府农博园共享农庄度个周末,成为很受欢迎的休闲方式。

新津兴义镇张河村共有 2672 人,果园子社区是张河村的一部分,位于天府农博园核心区。2018 年,由村里牵头,采用"互联网 + 共享农庄"的模式,激活了这座"空心村"。改变的起点是张河村引进了"三途一斯",带动了乡村旅游发展。

田园生活新场景

初冬的一个午后,张河村村主任陈军带我们参观了一栋栋很有设计感的度假小屋,巨大的观景落地窗,屋内能"开轩面场圃,把酒话桑麻",而窗外则是唐诗里才有的田园风光。屋内多配置有智慧家居系统,床品和墙饰是在地原创的"花漾新津"文创系列,厨房用具一应俱全,单等青翠欲滴的蔬菜从屋外的田垄里拔出来洗洗下锅了。

这是张河村购买途远装配式建筑打造出来的共享农庄,共享农庄由斯维登线下管理,途家线上导流,途礼则负责销售本地农特产品,提高收益,是为"三途一斯"。陈军介绍,合作社与新津文旅集团成立张河果园子文旅公司,自从与"三途一斯"合作,经营共享农庄,已实现了"保底 + 分红",目前,每年村集体保底收入达 31.5 万元。

在共享农庄项目的示范带动下,"非标民宿 + 体验农场 + 特色餐饮 + 自然教育 + 社区营造"等业态场景在张河村一一呈现,形成了乡村旅游全产业链场景。村民住上规划整齐的小洋房,农民变成了股东,农房变成了客房,在共享农庄的带动下,现在村里不仅有创意工坊,还有各种特色农家餐饮、民宿;农产品变成了有商业附加值的礼品,把陆游曾赞誉"天下无"的新津韭黄和韭菜卖到了天下去。以村里种植韭菜 200 余亩的"韭菜大王"张泽全为例,他每天销售韭菜达几千斤,每年销售额近 1000 万元,解决了附近 100 多人就业。

作为农旅融合发展新业态,"共享农庄"盘活了闲置农宅院落,在顶层设计上整体考虑布局农庄的产业、设施及农产品的规划,因地制宜,结合装配式建筑建造

优势,打造智慧农家院落,并提供农产品、民宿、餐饮等各方面运营服务,真正实现了建设美丽乡村、百姓安居乐业、闲置资源整合利用的多方共赢局面。

张河村的改变,只是所在的天府农业博览园积极谋求农村产业融合发展的一个缩影。天府农业博览园是四川农博会永久举办地,也是成都66个产业功能区中唯一聚焦"农业博览"和"农商文旅体科教"融合发展两大主导产业的功能区。

规划之初,天府农业博览园就注入了创新、生态、共享、融合理念,规划建设农博主展馆、"农业太古里"、融媒体中心、乡村振兴研究院、天府农博酒店等项目,打造"数字农博+乡村振兴"综合服务平台。通过三次产业多元共生、农商文旅体科教融合发展,天府农业博览园把城市方方面面与国际化营商环境结合起来,实现了"农博+"效应。

2020年9月22日,在中国农民丰收节四川省庆丰收活动现场,新津签约引进总投资20.6亿元的重大项目,涵盖研学合作、智慧农业、农旅融合、数字赋能、科技金融等多个领域。阿里巴巴、新希望集团、通威股份、东方希望……众多新经济头部企业的乡建项目和中国农业大学四川农业产业研究院(新津)落地。如今的乡村已经成为拉动经济增长的最大内需,是三次产业多元共生、农商文体旅科融合发展的新空间,古老的农业蝶变成为具有"六次产业"特征的新经济产业。

立足新乡村与新经济融合发展,搭中台、打造"云农博",开直播、整合人货场,做场景、布局新矩阵,建生态、链接乡与城,培育各种以乡村为场景的新经济业态——新津的乡村振兴实践赋予了"田园生活"全新意涵,新津也先后上榜"中国民营经济最佳投资县""中国营商环境百佳县市""中国综合投资热力百佳县市""全国绿色发展百强县"。

水城无处不公园

2020年,我们迎来了第24个"世界湿地日"。年初,2020"世界湿地日"四川主场

宣传活动在新津白鹤滩湿地公园举行，标志着公园正式开园。同一天，白鹤滩湿地公园正式被授牌"国家级湿地公园"，这也是成都首个晋升"国家队"的湿地公园，是新津星罗棋布的公园景观的代表。开阔的大草地、亲水的芦苇草、绵延弯曲的石板路、风中摇曳的时花……尽管是冬日，在新津白鹤滩国家级湿地公园漫步一圈，一切仍生机勃勃，绿头鸭、灰头麦鸡等珍稀候鸟都是这里的冬日旅客。

新津位于四川盆地西部、成都南部，距成都市区 28 公里，境内五河汇聚，江河如带，素有"水城"之名。依托五河汇聚、山水相依的自然禀赋，新津找准"成南新中心，创新公园城"的发展定位和"筑

景、成势、聚人"的建设理念,涵养水源,优化生态环境,打造特色水城门户形象,先后推出一大拨湿地公园和滨河公园,除了国家级湿地公园——白鹤滩国家湿地公园,新津城区最大的湿地公园——红石涵养湿地公园,还有天府明珠公园、百溪堰湿地公园、杨柳湖滨河生态公园、南河滨河公园……新津人的家门口究竟有多少个滨水公园?想知道真相,估计只有住到"水城"新津去才数得清楚。

新津"城市无处不公园"的愿景正在成为现实,这些公园和城市一起有序生长,吐故纳新。作为城区最大的湿地,红石涵养湿地公园已经开放一年多,最近,细心的新津市民发现它有些不一样了:修建了七孔涵管小桥,串联了红石涵养湿地和百溪堰湿地公园,便利市民通行;由青石地砖铺贴而成的石板小道连接西河河堤,使西河绿道红石段的自然风光更加凸显;入口处"遇见小驿""红石小驿"两座生态公厕解决了市民解急问题;新建成的步行拱桥,减少了周边小区的居民绕路之苦……每一处细微的改变,人性化的细节,都是美好生活的注脚。

而串联起这些生态公园的正是"津津绿道"体系。"津津绿道"体系中的每一条绿道都不断将自身的生态价值释放为生活价值:杨柳河绿道,位于杨柳湖滨河生态公园,单线绿道长 4.7 公里,环线绿道总长度近 10 公里,有机串联起白鹤滩国家湿地公园与杨柳湖滨河生态公园,让全域生态圈再次被扩大;梨花溪核心绿道,位于新津梨花溪文化旅游区,串联起景区农家乐等消费场景与相关旅游设施及周边农户,有效改善居民、游客体验。同时,在绿道周边植入铛铛零售车、文创旗舰店等消费场景;骑龙湖绿道,位于新津岷江新城片区,连接临近的西新大道、西创大道,提升了骑龙湖片区居民出行的便利性。绿道上配置了全民健身场地和儿童活动场地等丰富的生活场景;还有 50 条"上班的路""回家的路"社区绿道;几千余公顷绿地等惠民细胞工程正加快实施;"15 分钟绿色生活圈"将进一步构建完善。景区化、景观化,可进入、可参与,"津津绿道"正转化着生态价值,造福市民生活。

原载《天府文化》2020 年第 12 期

图书在版编目（CIP）数据

发现成都之美 /《天府文化》杂志社编著. ——成都：
成都时代出版社，2021.8
ISBN 978-7-5464-2858-1

Ⅰ.①发… Ⅱ.①天… Ⅲ.①地方文化-成都 Ⅳ.
①G127.711

中国版本图书馆 CIP 数据核字（2021）第 151091 号

发现成都之美
FAXIAN CHENGDU ZHIMEI

《天府文化》杂志社　编著

出 品 人　李若锋
责任编辑　李卫平
责任校对　张　巧
摄　　影　韩杰、米艳 等
责任印制　张　露
装帧设计　成都九天众和

出版发行　成都时代出版社
电　　话　（028）86742352（编辑部）
　　　　　（028）86615250（发行部）
网　　址　www.chengdusd.com
印　　刷　四川华龙印务有限公司
规　　格　170mm×230mm
印　　张　18.25
字　　数　300 千
版　　次　2021 年 8 月第 1 版
印　　次　2021 年 8 月第 1 次
书　　号　ISBN 978-7-5464-2858-1
定　　价　78.00 元

著作权所有·违者必究。本书若出现印装质量问题，请与工厂联系。电话：（028）87781035